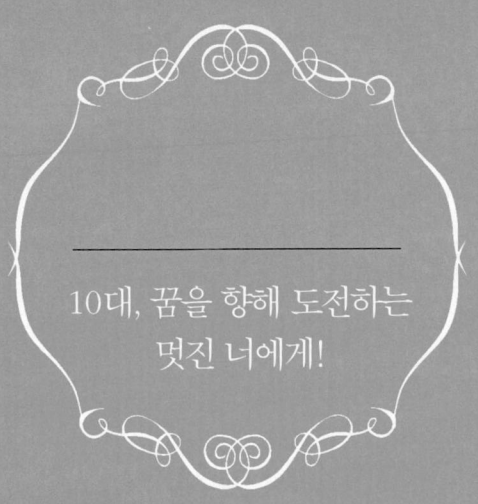

10대, 꿈을 향해 도전하는
멋진 너에게!

여자의 성공은
10대에
결정된다

여자의 성공은 10대에 결정된다

2012년 9월 15일 초판 1쇄 발행
지은이 · 김지영

펴낸이 · 박시형
책임편집 · 정현미 | 표지 디자인 · 박보희 | 본문 디자인 · 김애숙

경영총괄 · 이준혁
마케팅 · 권금숙, 장건태, 김석원, 김명래, 탁수정
경영지원 · 김상현, 이연정, 이윤하
펴낸곳 · (주)쌤앤파커스 | 출판신고 · 2006년 9월 25일 제406-2012-000063호
주소 · 경기도 파주시 회동길 174 파주출판도시
전화 · 031-960-4800 | 팩스 · 031-960-4806 | 이메일 · info@smpk.kr

ⓒ 김지영 (저작권자와 맺은 특약에 따라 검인을 생략합니다)
ISBN 978-89-6570-090-6(03800)

이 책은 저작권법에 따라 보호받는 저작물이므로 무단전재와 무단복제를 금지하며, 이 책 내용의 전부 또는 일부를 이용하려면 반드시 저작권자와 (주)쌤앤파커스의 서면동의를 받아야 합니다.

• 잘못된 책은 바꿔드립니다.   • 책값은 뒤표지에 있습니다.

쌤앤파커스(Sam&Parkers)는 독자 여러분의 책에 관한 아이디어와 원고 투고를 설레는 마음으로 기다리고 있습니다. 책으로 엮기를 원하는 아이디어가 있으신 분은 이메일 book@smpk.co.kr로 간단한 개요와 취지, 연락처 등을 보내주세요. 머뭇거리지 말고 문을 두드리세요. 길이 열립니다.

여자의 성공은 10대에 결정된다

세계 최고 여성 10인의 특별한 10대 이야기

· 김지영 지음 ·

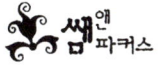

프롤로그
그녀들을 최고로 만든 10가지 비밀 · 9

1 약점을 강점으로, 불가능을 가능으로 · 15
긍정의 힘으로 기적을 일구어낸 미국 최고의 앵커 케이티 쿠릭

2 여자니까 더욱 당당하게, 여자니까 더욱 거침없이 · 41
따뜻한 카리스마로 인종과 성별의 벽을 넘은 펩시 CEO 인드라 누이

3 섹시하게 매혹하라,
하지만 옳다고 생각하는 일에는 과감하라 · 67
다른 사람의 시선을 두려워하지 않고 대범하게 앞으로 나아간 안젤리나 졸리

4 차분하고 따뜻하게,
하지만 때로는 거침없는 불도저처럼 · 91
인내와 양보의 미덕으로 승리를 거머쥔 앙겔라 메르켈

5 가장 럭셔리한 것은 가장 실용적인 것이다 · 117
부단한 노력 끝에 얻은 빛나는 창의력으로 세계적인 디자이너가 된 코코 샤넬

6 부끄러움은 강함으로, 강함은 열정으로 · 143
겁 많고 수줍음 많은 소녀에서 가장 용기 있는 골프 여왕이 된 아니카 소렌스탐

7 경청하고 이해하라, 그런 다음 진솔하게 나를 보여줘라 · 165
진실은 통한다는 것을 몸소 보여준 토크 쇼의 여왕 오프라 윈프리

8 불가능하니까 도전하라, 실패도 두려워하지 말고 · 189
도전, 또 도전 끝에 최고의 여비행사가 된 아멜리아 에어하트

9 멈추지 않는 열정으로, 포기하지 않는 집념으로 · 215
자신이 좋아하는 것에 모든 삶을 집중하고 꿈을 이뤄낸 마사 스튜어트

10 모두를 포용하는 리더, 하지만 가장 자립심 강한 리더 · 241
누구에게도 의지하지 않고 결과 앞에 당당했던 힐러리 클린턴

프롤로그

그녀들을 최고로 만든
10가지 비밀

청바지에 운동화, 항상 짧은 머리카락. 무뚝뚝한데다 여성스러운 구석이라곤 하나도 없던 내가 엄마가 되다니. 잠든 딸아이의 머리를 쓰다듬어줄 때면 사랑스러운 그녀의 모습만큼이나 나 자신에게도 놀라곤 합니다. 태어나서 한 일 중 가장 잘한 일 하나를 꼽으라면 아마 '딸아이를 낳은 일'이라고 대답하지 않을까요.

10개월 동안 꼬박 뱃속에서 그렇게 나를 괴롭히던 아이가 '응아' 하고 울음을 터뜨리며 세상에 나올 때. 그 아이를 처음 만났을 때의 느낌이란! 처음 보는 빛에 놀라 울고 있는 작은 아기를 보면서 나 또한 눈물이 맺힌 채 미소를 지었습니다. 대견한 녀석. 이렇게 건강하게 세상에 태어나주어서 정말 고맙구나…… 하면서 말이죠.

밤잠을 설치게 만들었던 갓난아기 시절이 지나고, 무사히 한 해를 지나 아장아장 걸음마를 떼더니 이제는 나와 장난도 치고, 나의 표정을 읽고, 나의 마음을 들여다보려고 하는 똑똑한 우리 딸. 그 아이를 볼 때면 참으로 많은 생각들이 머릿속을 스쳐 지나갑니다.

'우리 딸아이는 나중에 어떤 사람이 될까?'

아마도 한 살 한 살 더 나이가 들어가면서 세상의 모든 부모들이 이런 고민을 하게 되겠죠. 아이가 태어나면서 엄마도 같이 태어난다고 하는데, 내 욕심으로 아이를 바라보기보다는 진심으로 자신이 가장 하고 싶은 일을 찾아 그 꿈을 키워갈 수 있도록 돕겠노라고 매일매일 다짐해봅니다.

어떤 부모는 '우리 아이는 반드시 큰 사람으로 키울 거야!'라고 말하고, 또 어떤 부모는 '건강하고 밝게, 사람들과 원만한 관계를 이루며 지낸다면 무엇이 되어도 상관없다.'라고 말합니다. 무엇이 정답이라고 말할 수는 없지만, 나는 내가 살아오면서 겪은 다양한 경험들 속에서 반드시 아이가 배웠으면, 하고 바라는 것들이 있습니다.

'기자'라는 직업으로 오랜 시간 일해 오면서 나는 아주 많은 경험들을 할 수 있었습니다. 많은 사람들을 만났고, 또 다양한 상황들 속에 놓이기도 했지요. 때로는 내가 하는 일을 포기해버리고 싶을 때도 많았고, 하나씩 세운 목표를 달성하지 못할 때는 절망 앞에 고개를 숙이기도 했습니다. 도저히 끝이 보이지 않는 시간을 막연히 기다려야 할 때도 있었고, 주변에서 들려오는 싫은 소리들을 외면하고 줏대 있게 내 의지대로 박차고 나가야 할 때도 있었지요.

'나는 여자다! 하지만 그렇다고 불리할 것은 없다. 오히려 내가 가진 장점을 발휘해서 더 최고가 되자!'

항상 그런 생각으로 마음을 다잡고, 또 긍정적인 생각을 하며 여기까지 온 것 같아요.

이것은 비단 작은 나의 이야기일 뿐이지만, 실은 이러한 작은 덕목들 즉, 인내심과 대범함, 독립심과 진솔함 등이 삶에 있어서는 반드시 필요한 거라는 생각에 이르렀습니다. 나는 내 아이가 무조건 '큰 사람' 혹은 '성공한 사람'이 되어야 한다고 강요하고 싶지는 않아요. 하지만 내가 이 책에 소개하게 될 10명의 세계적인 여성 리더들이 공통적으로 갖추고 있던 비밀들을 깨닫고, 삶에서 어려운 일이 닥칠 때마다 스스로 그것들을 기억하게 되기를 바랍니다.

부모란 아이에게 꿈을 떠먹여주는 존재가 아니라, 아이가 스스로 꿈을 가질 수 있도록 또 그 꿈을 잘 펼쳐나갈 수 있도록 뒷받침을 해주는 역할을 해야 한다고 생각합니다. 이 책 속에 등장하는 10명의 여성들의 이야기를 읽다 보면, 결국 성공을 이룬 사람들은 자신이 정말 하고 싶은 일이 무엇인지, 확고한 자신의 꿈을 발견하고 그것을 향해 끈기 있게 앞으로 나아간 것을 알 수 있어요.

〈포브스〉, 〈포춘〉, 〈타임〉지에서 지난 몇 년간 선정한 '세계에서 가장 영향력 있는 여성 리더'에 뽑힌 10명의 이야기를 쓰면서 그들에게는 각자 강점들이 하나씩 있다는 것을 발견할 수 있었습니다. 예를 들어, '세계에서 가장 똑똑한 여자'라고 불리는 힐러리 클린턴에게는 무엇이든 혼자서 당당하게 해낼 수 있는 '자립심'이 있었고, 흑인 여성으로서 가장 성공한 여자라 불리는 오프라 윈프리는 많은 사람들의 마음에 감동을 줄 수 있는 '진솔함'이 있었습니다. 또한 여러 단점을 극복하고 가장 몸값 비싼 앵커우먼이 된 케이티 쿠릭에게는 '긍정의 힘'이, 사람들의 만류에도 불구하고 도전에 성공해 세계적인 스타가 된 안젤리나 졸리에게는 '대범함'이 있었습니다. 그 외에도 나머지 6명의 인물들에게는 여성이라는 벽과 다양한 단점들을 극복하게 한 저마다의 덕목들이 있었지요.

또한 그들에게는 모든 것을 관통하는 한 가지 공통점이 있었습니다. 대부분이 좋지 않은 학벌에 불우한 가정환경, 어려운 상황 속에 있었지만 결코 자신이 한 번 정한 꿈은 절대 포기하지 않았다는 사실입니다. 그 꿈에 있어서는 누구보다 확고했고, 어떤 유혹에도 굽히지 않고 앞을 향해 나아갔죠. 그러한 과정이 결국 그녀들을 '세계에서 가장 성공한 여성'으로 만들어주었던 것입니다.

　이 책은 이제 꿈을 키워가야 하는 십대뿐 아니라 부모가 함께 읽었으면 하고 바래봅니다. 나 또한 이 책을 쓰면서 '아…… 내가 진작 이러한 것들을 알고 본받았더라면…….' 하면서 딸에게 중요한 부분들을 읽고 되새겨주었습니다. 아직 초등학교도 들어가지 않은 아이가 "엄마, 나도 알파우먼이 될 거야!"라고 말하는 것을 보며 가슴속이 아주 흐뭇해지는 것을 느꼈습니다.

　꿈을 갖는 것, 그리고 그 꿈을 이루어가는 것은 하루아침에 되는 것은 아니겠지요. 그래서 부모의 도움이 필요하며, 아이가 스스로 꿈에 대한 동기부여를 할 수 있도록 다양한 간접경험을 해주어야 하는 게 아닐까요. 나는 오늘도 이 책 속의 위대한 여성을 성공으로 이끈 덕목들을 들여다보면서, 잠자리에 누운 아이의 귀에 속삭여봅니다.

　"들어볼래? 엄마가 말이야. 아주 아주 중요한 비밀을 말해줄게."
하고 말이에요.

2011년 12월 김지영

1

약점을 강점으로,
불가능을 가능으로

긍정의 힘으로 기적을 일구어낸 미국 최고의 앵커 케이티 쿠릭

Katherine Anne Couric

"The competition is one aspect of the job,
but I think if you're too busy worrying about the competition,
you don't focus enough on what you're doing."

경쟁도 일의 한 부분이긴 하지만, 이것 때문에 걱정만 하다 보면
정작 자신이 하는 일에 충분히 집중할 수 없다.

긍정의 힘이 필요한 너에게

　학년이 바뀌거나 학교가 바뀌면 공부를 잘하던 아이가 성적이 뚝 떨어지기도 하고 못하던 아이가 불쑥 오르기도 하지. 나도 그랬어. 초등학교 때까지 1등을 놓친 적이 없기에 자만하고 있었는데 첫 시험에서 무려 10계단이나 떨어졌지 뭐야. 초등학교와 중학교는 수준이 다르니 공부방법도 달라야 하는데, 전혀 몰랐던 거야.

　한 번도 경험해본 적 없는 일이라 누구보다 나 자신에게 너무나 부끄러웠어. '이건 말도 안 되는 일이야!' 라는 생각에 부모님에게 선뜻 성적표를 보여주지도 못했지. '대체 뭐가 문제지? 뭘 잘못한 걸까?'

　며칠 동안 잠이 잘 오지 않았어. 마침 라이벌이었던 친구까지 나의 이런 상황을 알게 됐고, 정말 쥐구멍이라도 찾고 싶은 심정이었단다.

　공부가 어려운 거라 생각해본 적이 없는데 생각할수록 정말 화도 나고, 또 확 포기해버리고 싶다는 생각마저 들었어. 하지만 그런 부정적인 생각을 마음에 담고 있으니 자꾸 상황은 더 힘들어지기만 했어. 수업도 머리에 잘 들어오질 않았고, 그러다 언젠가 책에서 읽었던 '긍정의 힘'이라는 단어가 떠올랐단다. 부정적으로 생각하면 할수록 부정적인 기운들이 내 주위를 감돌게 되지만 긍정적으로 생각한다면 언제든 다시 시작할 수 있고 모든 세상이 날 돕는다는 이야기였어. 그래서 난 죽기 살기로 한번 해보자는 마음을 먹었지.

그리고 중간고사 성적표가 나오던 날! 나는 성적표를 들고 너무나 기뻤어. 내 힘으로 포기하지 않고 노력해서 성적을 회복했다고 생각하니 그 기쁨이 훨씬 더 컸던 거야. 그리고 아찔한 생각이 들었어. 만약 첫 성적표를 보고 실망한 채 공부를 포기해버렸으면 어땠을까 하고 말이야.

이처럼 모두가 "안 된다"고 하는 힘든 상황에서 긍정적인 모습으로 성공을 일군 여성이 있지? 바로 미국에서 가장 유명한 뉴스 앵커 케이티 쿠릭. 그녀의 스토리를 보면서 정말 대단하다는 생각을 했단다.

그녀는 타고난 목소리도 좋지 않고, 첫인상도 호감적이지 못해서 많은 사람들이 그녀를 인정하지 않았대. 첫 리포트에서는 낙제 점수를 받기도 했단다. 만약 그녀가 그런 상황에서 좌절하고 자신의 능력을 개발하려는 적극적인 노력을 하지 않았다면 아마 오늘날 미국을 대표하는 앵커우먼이 되지 못했을 거야. 그녀는 사람들의 예상을 뒤집고 항상 밝고 긍정적인 생각과 행동으로 한 계단씩 치고 올라가 최고가 되었단다.

살다 보면 자신이 기대한 것보다 훨씬 못한 결과가 나올 때가 있어. 그땐 몹시 기분도 나쁘고 속이 상하겠지. 창피하고 화도 나고. 하지만 그건 잠깐이야. 좌절의 순간에 긍정적인 마음, 즉 '얼마든지 할 수 있다'는 생각으로 다시 도전한다면 예상치 못한 놀라운 결과를 얻을 수 있을 거야.

그러면 우리, 멋진 여성 케이티 쿠릭의 이야기를 한번 볼까?

케이티 쿠릭 *Katherine Anne Couric*
미국 최초의 여성 단독 앵커이자 세계 최고의 슈퍼 앵커우먼
—

1957년 미국 버지니아주에서 언론인인 아버지와 작가인 어머니 사이에서 태어났다. "당신은 도저히 방송 기자로 어울리지 않습니다."라는 주위의 만류에도 불구하고 콤플렉스를 극복하고 미국에서 가장 높은 인기를 얻고 있는 앵커우먼. 방송사 사무보조원으로 시작해 '나도 카메라 앞에 서고 싶다'는 꿈을 위해 거칠고 높은 목소리, 지나치게 어려 보이는 외모를 극복하고 결국 미국에서 남녀를 통틀어 최고의 연봉을 받는 슈퍼 앵커우먼이 되었다. 여성으로서는 처음으로 단독 저녁 뉴스를 진행했고, 어떤 상황에서도 당황하지 않고 긍정적이고 밝은 모습으로 사람들에게 기쁨을 주는 방송인으로 활동하고 있다.

"긍정의 힘은 좌절을
더 큰 행복으로 바꾸어놓는다!"

항상 해맑은 웃음으로
주변 사람들에게 기쁨을 주었던 아이

"저 아이, 참 해맑지?"
"그러게요. 어쩜 저렇게 늘 명랑하고 사근사근한지 모르겠어요."

1957년, 미국 버지니아주에서 태어난 케이티 쿠릭은 어릴 적부터 밝고 웃음이 많은 사랑스런 아이였다. 그녀는 언론인인 아버지와 작가인 어머니 사이에서 4남매 중 막내로 태어났는데, 모든 사람이 그녀만 보면 저절로 웃음이 나올 만큼 매사에 밝고 애교스러웠다. 재미있는 말도 잘하고 표정도 귀여워서 많은 사람들로부터 사랑을 받았다.

특히 초등학생 때는 남을 돕기 좋아해 반 아이들은 물론 선생님들도 늘 칭찬을 해주었다. 아버지는 항상 그녀에게 "잘 웃는다는 건 얼마나 큰 장점인지 몰라. 웃음은 많은 사람들을 행복하게 할 수 있고 자신도 행복해진단다."라고 말하곤 했다. 이러한 아버지의 말씀은 케이티 쿠릭의 마음속 깊이 자리 잡았고, 나중에 고학년이 되어 학생회장에 출마했을 때 "사람들은 저만 보면 왜 항상 웃고 있냐고 합니다. 그건 제가 항상 행복하기 때문이에요. 꿈이 있는 사람은 절대 불행하지 않아요. 꿈을 생각하고 있으면 늘 긍정적인 마음이 샘솟고 그러면 웃음이 나게 되죠."라고 말해 많은 표를 얻었다. 그녀는 어린 나이에도 자기 스스로뿐 아니라 주변 사람들을 행복하게 만드는 힘을 알고 있었다. 바로 긍정의 힘을 알고 있었던 것이다.

항상 긍정 바이러스로 주변을 밝게 만들었던 그녀는 공부는 물론 다양한 활동에도 열심이었다. 낙천적이면서도 책임감이 강한 그녀의 성격은 어디에서든 빛을 발했다. 치어리더, 앞 못 보는 아이들을 위한 캠프, 자원봉사 등 남을 돕는 일을 하면서 그녀는 자연스럽게 기자를 꿈꾸게 되었다. 부모님을 닮아 글 쓰는 재주도 타고났고 사람들 만나는 일을 좋아하는 그녀에게 기자란 잘 어울리는 직업이었다.

영문학과에 입학한 케이티 쿠릭은 더 주저할 것이 없다고 생각하고 기자기 되기 위해 본격적으로 준비를 해나갔다. 학보사 기자로 일하면서 저널리즘 수업도 들었다. 언론인인 아버지와 깊은 대화를 나누면서 기자라는 직업이 해야 할 일에 대해 생생하게 전해 들었다. 아버지는 그녀에게 자신이 가지고 있는 노하우를 알려주기도 하고, 그녀의 밝고 건강한 성격이 '기자'라는 직업을 통해 빛을 발할 수 있도록 조언을 아끼지 않았다. 케이티 쿠릭 또한 많은 사람들을 도우며 자신의 일에 적극적으로 임하고 있는 자신의 모습을 떠올리면서 한 걸음씩 꿈을 향해 다가갔다. 그런 생각을 할 때면 늘 가슴이 설렜다.

여름 방학 때도 쉬지 않고 워싱턴 DC의 라디오 방송국에서 인턴으로 일하며 방송 시스템을 접하고 인터뷰 등 다양한 실무를 경험한 케이티 쿠릭은 이제 더욱 구체적인 목표를 세웠다. 방송 기자, 그것도 정치 분야의 기자가 되기로 결심한 것이다.

왜소한 몸과 거친 목소리, 그건 문제가 될 수 없어!

매사에 적극적이고 쉽게 포기할 줄을 모르는 케이티 쿠릭은, 대학을 졸업하자마자 바로 지방 방송사의 문을 두드렸다. 미국에서는 일단 지방 방송사에서 경험을 쌓아야 중앙 언론에 들어갈 수 있기 때문이다. 지방 언론사에서는 주로 뛰어난 능력, 특이한 경력 등으로 사람을 채용했다. '자신을 어떻게 알리느냐?'가 포인트였다.

한참을 고민하던 케이티 쿠릭은 어느 날 무작정 ABC 방송국 워싱턴 지국을 찾아갔다. 방문증이 있어야만 출입할 수 있는 터라 입구에서 서성이자 경비가 그녀에게 다가와 물었다.

"무슨 일로 오셨죠?"

"〈월드 뉴스 투나잇〉의 책임 프로듀서를 만나러 왔어요. 전화 연결 좀 해주세요."

경비는 당연하다는 듯 말하는 케이티 쿠릭의 말에 전화를 연결시켜주었고, 케이티 쿠릭은 전혀 당황하지 않은 채 명랑한 목소리로 이야기했다.

"안녕하세요? 저는 케이티 쿠릭이라고 합니다. 저를 잘 모르시겠지만, 저희 언니가 요크타운 고등학교를 다녔고 피디님의 쌍둥이 아들들과 한 반이었어요. 잠깐 올라가서 뵐 수 있을까요?"

상대방은 낯선 방문에 잠시 놀라는 듯했지만, 이내 올라오라고 했다. 케이티 쿠릭은 그날로 방송사에 취직되었다. 현장에서 시시각각 들어오는 뉴스를 정리해야 하는 데스크 보조였다.

방송 기자가 되어 정치 관련 뉴스를 취재하고 싶었던 그녀에게 워싱턴은 첫 번째 목표였다. 워싱턴은 미국의 정치, 행정이 실제로 이루어지는 곳이었다. 데스크 보조는 비록 별 볼일 없는 자리였지만, 케이티 쿠릭은 최선을 다했다. 커피 심부름, 복사, 문서 정리 등의 잡무는 무척 잔손이 많이 가는 귀찮은 일이었지만 그녀는 항상 긍정적인 태도로 최선을 다해 똑 부러지게 해냈다. 싹싹하고 일 잘하는 그녀는 곧 ABC 워싱턴 지국에서 일하는 기자와 간부들의 눈에 띄었다.

"자네, 나와 함께 CNN으로 가지 않겠나?"

ABC 워싱턴 지국에서 일한 지 1년도 되지 않아 지국장은 그녀를 CNN으로 불렀다. 케이티 쿠릭은 방송사에서 근무해본 경력을 인정받아 뉴스 에디터로 일하게 되었다. 뉴스 에디터란 현장의 기자들에게 아이디어를 주고 취재를 지시하는 업무를 담당하는 사람이다. 일을 하다 보니 케이티 쿠릭은 자신도 직접 카메라 앞에 서는 기자가 되고 싶다는 생각을 하게 됐다. 하지만 그녀가 리포터로서 방송에 나오자 여기저기서 우려의 목소리가 나왔다.

160cm에 마른 체형의 케이티 쿠릭은 너무 왜소해 보였고 얼굴도 지나치게 어려 보였다. 방송 기자라면 시청자들에게 정확한 기사를 전달하고 신뢰감을 주어야 하는데 적절하지 않은 것이었다. 게다가 목소리는 톤이 높고 거칠어서 듣는 사람에게 편안함을 주지 못했다.

"더 이상 그녀를 화면에서 보지 않길 바라네."

우연히 그녀의 첫 리포트를 본 CNN 사장은 직접 워싱턴 지국으로 전화를 걸어 이렇게 지시를 내렸다. 이는 사실상 "그녀를 다시는 방송에 나오지 말게 하라"는 말이나 다름없었다.

이 소식을 전해 들은 케이티 쿠릭은 "네 꿈은 절대 이루어질 수 없어!"라는 말을 들은 것이나 다름없었는데도 결코 인상을 찡그리거나 우울해하지 않았다. 또한 방송 기자의 꿈을 포기하지도 않았다. 오히려 '언젠가는 반드시 기회가 올 거야. 그때를 대비해 내 결점들을 가다듬어놓는다면 충분히 가능해.' 하며 스스로를 다독였다. 그리고 가수들이 보컬 트레이닝을 받는 곳에 찾아가 꾸준히 목소리를 가다듬었다. 거부감이 들지 않는 목소리로 만들고, 외모 또한 신뢰감을 얻을 수 있도록 좋은 이미지로 만들어나갔다. 하지만 여전히 회사에서는 그런 그녀를 봐주지 않았다. 오히려 "방송 기자보다 작가가 되는 게 어떻겠어?"라고 말하는 게 전부였다.

그녀는 끝내 자신에게 기회를 주지 않는 CNN을 떠나 마이애미에 있는 WTVJ로 이직했다. 그리고 그곳에서 일한 지 얼마되지 않아 리포터로서의 삶이 시작되었다. 포기하지 않고 도전한 데 대한 첫 번째 열매였다.

난 방송기자가 될 수 없다고?
아니, 난 최고가 될 거야!

"케이티 쿠릭, 정말 많이 좋아졌는데?"

WTVJ로 옮긴 케이티 쿠릭은 본격적으로 방송 기자 생활을 시작했고, 실력은 날이 갈수록 좋아졌다. 한번 일을 시작하면 최선을 다하는 그녀의 성격답게 늘 발로 뛰었고, 몸을 사리는 법이 없었다. 그녀는 이민, 범죄, 마약, 어린이 성범죄 등 각종 사회적인 이슈를 추적해나갔고, 경력이 쌓이면서 어느새 방송 기자로서의 능력을 인정받기 시작했다.

마침내 케이티 쿠릭은 전국 방송인 NBC에서 60명의 경쟁자를 물리치고 최종으로 국방부 2진 기자가 되었다. 케이티 쿠릭에게 국방부 출입은 절호의 기회였다. 진지하고 거친 보통 기자들과 달리 항상 웃음이 많고 발랄한 여기자 케이티 쿠릭은 국방부에서 금세 눈에 띄었다. 장교들 중에는 그녀를 보기 위해 일부러 브리핑 장소를 찾는 이도 있었고 어떤 이는 꽃다발을 보내기도 했다. 케이티 쿠릭 또한 생소한 군사용어와 각종 군사장비에 대한 지식을 쌓고 적극적으로 일에 임했다. 그녀의 노력만큼 특종과 심층보도 건수가 늘어났고, 1진 기자가 해외 취재로 자리를 비우면 2진인 자신이 대신해 뉴스에 나가는 일도 점점 늘어났다.

그런 그녀에게 1991년 발발한 걸프전은 날개나 다름없었다. 그녀는 아침 뉴스인 〈투데이〉의 특파원 자격으로 두 달 동안 매일 아침 전쟁 관련 뉴스를 보도했다. 〈투데이〉는 50년 넘게 미국에서 가장 많은 이들이 시청해온 아침 뉴스 중 하나였다. 그러다 보니 그녀는 어느새 전국적인 유명 인사가 되었다. 케이티 쿠릭의 다정한 얼굴과 발랄한 태도, 전쟁이라는 무섭고 딱딱한 주제를 긍정적인 방향으로 순화하는 모습은 시청자들로부터 좋은 반응을 얻기에 충분했다. 그리고 전쟁이 끝난 후 걸프전을 지휘했던 슈와츠코프 장군을 최초로 인터뷰하면서 그녀는 두 달 간의 뉴스 전쟁을 승리로 장식했다.

점점 인정을 받아가던 케이티 쿠릭은 여성 앵커였던 데보라 노빌이 출산으로 자리를 비우자 대타로 진행까지 맡게 되었다. 진행자로서의 그녀는 뉴스를 전달할 때보다 훨씬 더 친근하고 쾌활했다. NBC에서는 미래의 앵커 감으로 그녀를 점찍었다. 데보라 노빌은 복직하지 않았고 결국 케이티 쿠릭이 그 자리를 꿰찼다. 우연 같은 행운이었다. 방송사에 발을 들인 지 12년 만에 데스크 보조에서 프로듀서, 기자와 리포터를 거쳐 드디어 가장 처음 꿈이었던 방송기자, 그 이상의 목표를 이룬 것이었다.

〈투데이〉의 앵커가 된 케이티 쿠릭에게는 곧 '미국의 연인(America's Sweetheart)'이라는 별명이 붙었다. 밝고 명랑하고 재치 있는 케이티 쿠릭은 뉴스와 정보가 적절히 섞인 아침 뉴스의 앵커우먼으로는 이상적이었다. 케이티 쿠릭은 우아하면서도 지적이지만 어딘가 거리감이 느껴지던 기존 앵커우먼들과는 사뭇 다른 분위기였다. 솔직하고 발랄했다. 잇몸을 드러내며 시원하게 웃는 모습은 그녀의 트레이드 마크였다. 출연자들과 이야기를 나누는 그녀의 모습은 언제나 활기찼다. 할로윈 데이 같은 특별한 날에는 피터팬이나 만화 캐릭터로 분장하고 나타나는 등 유머러스한 상황 연출도 만점이었다. 그녀가 진행하는 〈투데이〉는 늘 활기가 넘쳤다.

또한 케이티 쿠릭은 자연스럽고 수수했다. 좋은 옷과 완벽한 화장으로 한 치의 결점도 없을 것 같은 앵커가 아니라 사람 사는 세상의 이야기를 전하는 '보통 사람'의 모습이었다. 미국에서 가장 대중적인 브랜드인 '갭'은, 직접 옷을 골라 입는 케이티 쿠릭의 단골 의상 중 하나였고 머리는 늘 짧았다. 그녀의 말대로 '같은 학교를 다니거나 바로 옆자리에서 일하는 사람' 같았다. 사람들은 그런 케이티 쿠릭을 좋아했다.

케이티 쿠릭은 15년간 〈투데이〉를 진행했다. 이전부터 15년 동안이나 〈투데이〉를 진행했던 남성 앵커가 중간에 떠났지만 케이티 쿠릭이 있는 한 문제없었다. 오히려 NBC는 방송 시간을 3시간으로 늘렸다. 시청률은 높고도 안정적이었다.

〈투데이〉는 하루 평균 600만 명의 시청자를 불러 모았다. 같은 시간대 경쟁 프로그램을 크게 앞지르는 것은 물론 케이티 쿠릭이 처음 호스트가 되었을 때 1위였던 ABC의 〈굿모닝 아메리카〉보다도 월등한 수치였다. 광고 수익은 NBC의 인기 시트콤 〈프렌즈〉의 거의 두 배인 5억 달러(5,200억 원)에 이르렀다. 〈투데이〉는 미국의 아침을 여는 가장 성공적인 프로그램으로 입지를 굳혔다. 사람들은 이것을 '케이티 효과'라고 불렀다.

케이티 쿠릭은 2001년 NBC와 4년 6개월 동안 6,500만 달러(688억 원)의 연봉 재계약을 맺었다. NBC의 모회사인 GE의 주식이 포함되어 있긴 하지만 돈으로 환산하면 1,500만 달러(158억 원) 수준이었다. 여기에 인센티브와 성과급 등을 합하면 총 수입은 1억 달러(1천59억 원)에 육박한다는 보도도 나왔다. 이전까지 여성 앵커의 최고 연봉이나 내로라하는 남성 앵커들에 비해서도 몇 배 이상이 되는 월등한 액수였다. 모두가 방송 기자로선 자질이 없다고 했던 케이티 쿠릭. 데스크 보조에서 출발해 그 누구도 방송일을 할 수 없을 거라고 말했던 그녀는, 이제 미국 방송계에서 가장 비싼 몸값을 가진 슈퍼스타가 된 것이다!

몸을 아끼지 말고 자신의 일에 최선을 다하라!

항상 긍정적인 모습으로 시청자들의 마음을 편안하게 해준 케이티 쿠릭은 이제 시드니 올림픽 개막식을 진행하는 등 미국을 대표하는 앵커가 되었다. 이제는 그 누구도 그녀에게 "방송에서 보고 싶지 않다"고 말하지 않았다. 케이티 쿠릭은 섭외조차 힘든 1등 앵커였다.

어느 날 케이티 쿠릭은 당시 퍼스트 레이디인 바바라 부시와 백악관을 둘러보는 생방송을 진행하게 되었다. 백악관의 여기저기를 보여주며 대통령의 일상과 숨겨진 일화 등을 소개하는 흥미 위주의 프로그램이었다. 방송 분량이 절반쯤 남았을 때, 조지 부시 대통령이 두 사람이 있는 방으로 불쑥 들어왔다. 조지 부시 대통령 특유의 장난스런 '깜짝 방문'이었다.

이런 돌발적인 상황만으로도 충분히 화제가 되고 사람들의 흥미를 끌 수 있었을 텐데, 케이티 쿠릭은 순간적으로 대통령에게 마이크를 들이댔다. 그리고 질문을 시작했다.

부시 대통령은 쏟아지는 질문에 무척 당황하며 "그냥 지나가던 길이에요." 하고 피하려 했지만 케이티 쿠릭은 집요하게 물고 늘어졌다. 사실 질문은 백악관 생활에 대한 것이 아니라 민감하기 짝이 없는 국내외 정치 외교 이슈에 관한 것들이었기 때문이다. 언젠가 대통령을 인터뷰하게 된다면 꼭 물어보겠다고 했던 것을 기회를 놓치지 않고 터뜨리게 된 것이다. 질문을 피하려고 안간힘을 쓰는 부시 대통령과 그런 대통령을 물고 늘어지는 케이티 쿠릭. 이 모습에서 시청자들은 매우 강렬한 인상을 받았고 시청률은 쑥쑥 올라갔다. 결코 무례하지 않으면서도 시청자들의 궁금한 곳을 긁어주었고, 그런 과감하면서도 카리스마 있는 케이티 쿠릭의 모습에 모두 박수를 보냈다.

밝고 명랑한 모습과 함께 이제 과감하면서도 적극적인 모습을 보이게 된 케이티 쿠릭. 그녀는 '남자는 무거운 주제의 딱딱한 뉴스를, 여자는 가볍고 부드러운 뉴스를 보도해야 한다는 건 온당치 않아. 이제 나는 시청자들에게 더욱 신뢰감을 주는 모습이 되어 여기자도 어떤 뉴스든 척척 소화할 수 있다는 걸 보여줄 거야.'라는 생각으로 몸을 아끼지 않고 일을 해나가기 시작했다.

그녀는 진정으로 믿음직스러운 기자가 되어갔다. 특종에 대한 욕심도 대단해서 처음 기자를 시작했을 때처럼 발 벗고 뛰어다니며 시청자들이 궁금해 할 소식을 가장 먼저 전하는 데 주력했다. 2003년 해리포터 시리즈의 5번째 작품인 《해리포터와 불사조 기사단》이 전 세계 동시 출간되기 하루 전날, 케이티 쿠릭은 영국으로 날아가 조앤 롤링을 단독 인터뷰하기도 했다.

뉴스를 전하거나 정치, 사회적 이슈와 관련된 인사들을 인터뷰

할 때의 케이티 쿠릭은 평소와 전혀 달랐다. 꼼꼼한 사전 조사를 토대로 날카로운 지적과 함께 곤란한 질문도 서슴지 않았다. 그럴 때의 케이티 쿠릭은 집요하고 공격적이었다. 이 모습을 지켜보는 이들은 속이 시원했고 곤경에 빠진 유명인을 지켜보는 재미도 맛볼 수 있었다.

명랑함과 카리스마라는 상반된 이미지를 가진 케이티 쿠릭은 할리우드 스타 못지않은 인기를 누렸다. 인기 시트콤에도 여러 번 출연했고, 영화 〈오스틴 파워 3〉에는 카메오로, 타 프로그램 앵커와 역할을 바꿔 진행함으로써 평소보다 45%나 많은 시청자들을 불러모으기도 했다. 케이티 쿠릭은 '미국에서 가장 키스하고 싶은 명사'로도 뽑혔다. 이제 그녀는 그야말로 '미국 최고의 여성'이 된 것이다.

사랑하는 사람을 잃었지만……

"너 괜찮겠어? 너무 힘들면 좀 쉬어."

케이티 쿠릭은 일에 있어 더욱 자신감을 얻어 승승장구하고 있었지만, 그 행복의 순간들이 오래 지나지 않아 큰 시련이 닥치고 말았다. 11년 동안 함께 살던 남편이 대장암으로 세상을 떠났기 때문이다. 변호사였던 남편의 나이는 불과 마흔둘. 이제 겨우 일곱 살, 세 살인 두 딸을 두고 암 선고를 받은 지 7개월 만에 그는 세상을 떠나버리고 말았다.

남편은 젊은 시절 풋볼 선수로 활동했을 만큼 건강했고 무엇보다 케이티 쿠릭이 하는 일을 잘 이해해주는 최고의 파트너였다. 두 사람은 열애 끝에 결혼했지만 암이라는 큰 벽 앞에서는 속수무책이었다. 현직 앵커가 배우자를 잃는 일은 거의 드문 일이라 주위에서는 혹시 그녀가 좌절하여 지금의 밝은 모습을 잃지나 않을까 우려하는 목소리가 나왔다. 물론 그녀는 너무나 슬펐지만 이내 상황을 담담하게 받아들였다. 그리고 의연한 모습을 보이고자 애썼다. 남편의 투병생활이나 죽음, 가족이 겪은 아픔에 대해서는 공식적으로 일절 언급하지도 않았다.

케이티 쿠릭은 사람들의 만류에도 불구하고 한 달 만에 다시 카메라 앞에 앉았다. 남편이 결혼 선물로 주었던 목걸이를 하고 나와 시청자들과 제작진에게 차분한 어조로 말했다.

"정말 감사합니다. 여러분이 걱정해주신 덕분에 저는 이제 괜찮습니다. 누구에게나 아픔은 있는 법이니까요. 저는 변함없이 예전의 모습으로 이 자리에 있을 것입니다."

케이티 쿠릭은 짧은 인사 후 예전처럼 방송을 진행했다. 그것이 시청자들에 대한 예의라고 생각했기 때문이다. 사람들은 그런 케이티 쿠릭에게 큰 감동을 받았고 예전보다 그녀를 더욱 사랑했다.

케이티 쿠릭은 자신의 아픔에 빠져 있기보다는 뜻하지 않게 사랑하는 사람을 떠나보내야 하는 아픔을 다른 사람들도 똑같이 당하지 않도록 돕겠다고 마음을 먹었다. 암이란 조기에 발견한다면 얼마든지 치료가 가능하고 비극을 막을 수 있으니까. 그녀는 특히 건강하기만 했던 남편의 목숨을 앗아갔던 대장암의 위험과 예방법을 알리기 위해 백방으로 뛰었다. 대장내시경에 관한 프로그램을 만들어 많은 사람들이 대장내시경을 통해 암 진단을 받도록 도왔고, '전국 대장암연구협회'를 설립해 암 예방 및 퇴치를 위한 연구 및 캠페인에도 앞장섰다.

이렇게 자신의 아픔을 다른 사람들을 돕는 일을 통해 이겨내고 있을 때쯤, 그녀의 큰언니 에밀리 쿠릭마저 췌장암으로 세상을 떠나고 만다. 자매 사이의 우애가 깊었기에 누구보다 슬펐을 케이티 쿠릭이었지만 그녀는 또 한 번 마음을 다잡았다.

'긍정적으로 생각하자. 이 슬픔을 이겨내지 못하고 주저앉는다면 사랑하는 내 가족들을 지킬 수 없어. 그리고 나는 기자니까, 나와 같은 슬픔을 겪어야 하는 많은 사람들에게 용기와 희망을 주어야 해.'

작은 체구, 온화한 미소를 띤 그녀에게서 사람들은 흉내 낼 수 없는 강한 힘을 발견했다. 그것은 바로 긍정의 힘이었다. 누구나 쉽게 감당할 수 없는 시련 앞에서도 그녀는 긍정의 힘으로 그것을 이겨내는 방법을 알았다. 가식적인 모습이 아니라 진실하면서도 더욱 차분한 모습으로 그 상황을 극복할 줄을 안 것이다. 그런 그녀의 모습에서 사람들은 근성과 용기를 배웠다. 그리고 이는 모두 긍정의 힘에서 나온다는 사실을 깨달을 수 있었다.

긍정의 힘을 잃지 않는 한, 꿈의 여정도 끝나지 않는다

이렇게 힘든 시간 속에서도 케이티 쿠릭은 더욱 성장을 거듭했고, 2006년에는 CBS로 스카우트 된다. 그리고 15년 동안 진행한 아침 뉴스 대신 〈이브닝 뉴스〉의 새 앵커가 되었다. 이때 케이티 쿠릭의 연봉은 1,500만 달러(약 158억 원)으로 그녀가 세운 최고 연봉 기록은 아직도 깨지지 않고 있다.

하지만 케이티 쿠릭의 마음이 마냥 편한 것은 아니었다. 오랜 친정과도 같은 NBC를 떠나는 것도 그랬고, 15년 동안 아침 뉴스만 하다가 저녁 뉴스를 하게 되니 과연 사람들이 어떻게 생각할까, 하는 의문도 들었다. 저녁 뉴스는 남자 앵커가 진행하는 게 보통이었고, 무겁고 딱딱한 내용이 대부분이었다. 어쩌면 사람들은 이 상황을 더 혼란스럽게 생각하고 다른 뉴스를 선택할지도 모를 일이었다.

드디어 첫 방송. 〈타이타닉〉, 〈아바타〉의 작곡가가 만든 음악을 배경으로 화려하게 등장한 케이티 쿠릭은 어느 때보다 당당한 모습이었다. 하지만 시청률만큼은 기대에 미치지 못했다. 첫 주에는 많은 사람들이 관심을 가졌지만 점점 더 시청률은 내려갔다. 많은 시청자들이 그녀를 좋아했지만 그녀를 앵커가 아닌 연예인으로 인식하는 사람이 더 많았기에 이브닝 뉴스를 전달하는 그녀의 모습에서 생소함을 느꼈던 것이다.

"너, 이브닝 뉴스에서 잘릴지도 모른다던데 사실이야?"

"아니, 난 그런 소리 들은 적 없는데. 사실이 아니야. 난 어느 때보다 열심히 하고 있으니까 시간이 흐르면 모든 게 좋아질 거야."

그녀가 〈이브닝 뉴스〉에서 잘릴 것이라는 루머는 끝없이 나돌았다. 하지만 케이티 쿠릭은 전혀 동요하지 않았다. 훨씬 더 큰 좌절을 이미 경험한 그녀였다. 이럴 때일수록 그녀가 가진 긍정적인 생각은 더 큰 힘을 발휘했다.

'자신의 자리에서 맡은 바에 최선을 다한다면 언젠가는 반드시 빛을 볼 날이 온다!'

이것이 그녀의 신조였다. 더구나 이번에는 자신의 역량이 부족해서라기보다 사람들이 저녁 뉴스를 여자가 진행한다는 것을 받아들이기 쉽지 않았기 때문이었다. 그렇기에 무엇보다 시간이 필요하다는 것을 알았다. 시청률이 잠시 떨어졌다고 좌절할 필요는 전혀 없었다. 오히려 변하지 않는 모습으로 더 최선을 다하고 기다리면 될 것이라는 확신이 들었다.

그런 그녀의 생각은 절대적으로 옳았다. 2008년 대선이 시작되면서 차기 대통령 후보들을 인터뷰하는 자리가 만들어졌고, 그때 날카롭게 그들에게 질문을 하며 시청자들이 원하는 답변을 끌어내는 케이티 쿠릭의 모습은 시청자들을 사로잡기에 충분했다. 그녀는 점점 더 신뢰도를 얻기 시작했고, 남자 앵커보다 더 세심하면서도 매끄러운 진행으로 시청자들은 저녁 뉴스의 새로운 즐거움을 맛볼 수 있게 되었다. 게다가 케이티 쿠릭은 지칠 줄 모르는 적극성으로 대지진 현장이나 큰 사건 현장에도 주저 없이 뛰어들어 화제가 되기도 했다.

2011년 6월 NBC와 계약을 마친 그녀는 ABC에서 새로운 토크쇼를 준비 중이다. 이처럼 미국 방송 3사를 아우른다는 것은 그만큼 대중성과 신뢰도를 겸비했다는 증거라고 할 수 있다. 〈타임〉, 〈포브스〉 등 각종 미디어가 뽑는 '가장 영향력 있는 여성' 리스트에는 어김없이 그녀의 이름이 올라 있다.

왜소하고 어려 보이는 외모, 거친 목소리 때문에 누구도 그녀가 앵커가 되리라고는 생각지 못했다. 또한 사랑하는 사람을 잃은 거대한 시련 앞에서 그토록 밝은 모습을 잃지 않는 여성은 극히 드물다. 하지만 그녀에게는 꿈이 있었기에, 그 꿈을 향해 나아가는 길에 닥치는 어떠한 시련도 그녀를 흔들 수 없었다. 그녀는 매사에 적극적이고 항상 최선을 다하며 포기하지 않는 근성을 지니고 있었다.

그녀는 늘 이야기한다. 사람들을 끌어들이는 매력, 무엇을 하든 결국 인정받게 하는 자신의 장점, 그것은 모두 '긍정의 힘'에서 나오는 것이라고. 어떤 순간에서든 긍정적인 마음과 생각은 기대를 뛰어넘는 더 큰 결과를 이끌어내고, 결코 나 자신을 배신하지 않는다고 말이다. 그녀의 이런 생각이 변하지 않는 한, 꿈을 향한 여정은 계속될 것이다.

긍정의 힘으로 모든 약점을 극복하고
세계 최고가 된, 케이티 쿠릭

케이티 쿠릭은 현재 미국에서 가장 잘 나가는 앵커우먼이에요. 연봉으로는 지금까지도 그녀를 능가할 사람이 없을 정도죠. 그녀는 오히려 자신의 콤플렉스를 극복하기 위해 노력한 끝에 밝은 웃음과 온화한 성품, 귀여운 외모와 친근감으로 많은 사람들에 사랑을 받게 됐어요. 누구도 상상할 수 없었던 일이죠. 처음에는 모든 사람이 "넌 방송보다는 작가 쪽으로 가는 게 낫겠어."라고 말했으니까요.

그녀는 제자리에 머무는 법이 없었어요. 데스크 보조로 시작했지만 그 낮은 자리에서도 늘 톡 부러지게 일하는 모습으로 윗사람들의 눈에 띄게 되죠. 그녀는 허드렛일을 도맡아 하면서도 한 번도 불평하지 않았어요. 그녀는 누구보다 매사에 긍정적이었고, 어릴 때부터 주위 사람들을 행복하게 만드는 재주가 있었어요. 부정적인 평가를 받을 때에도 "노력하면 얼마든지 극복할 수 있어요."라고 답하며 꿈에 대한 용기를 잃지 않았죠.

방송 기자로서 두각을 나타내게 되고, 〈투데이〉의 앵커가 된 이후에도 그녀는 항상 적극적이고 치열한 자세로 방송에 임했어요. 특종 인터뷰를 하기 위해 누구보다 열심히 뛰었고, 인터뷰할 상대에 대해서는 철저하게 연

Katherine Anne Couric

구를 했죠. 아무리 거물이 나온다 해도 서슴지 않고 날카로운 질문을 던졌고, 온화한 성품 뒤에 숨겨진 카리스마로 시청자들은 물론 제작진의 신뢰와 지지를 얻어냈어요.

많은 사람들이 이야기하죠. "성공하는 사람들에게는 공통적인 특징이 있다. 그것은 바로 긍정의 힘이다."라고요. 그녀에게도 이루 말할 수 없는 슬픔들이 분명 있었어요. 극복해야 할 단점들, 그리고 사랑하는 사람들과의 이별……. 하지만 그것이 결코 장애물이 될 수는 없었어요. 케이티 쿠릭은 긍정의 힘만 있다면 못 이겨낼 것은 아무것도 없다고 생각했고, 그것은 늘 현실 속에서 커다란 기쁨의 결과로 그녀에게 되돌아오곤 했죠.

케이티 쿠릭은 그야말로 현대 여성의 롤 모델이라 할 수 있어요. 앵커우먼으로서 가져야 하는 친근함, 성공을 꿈꾸는 커리어 우먼이 갖추어야 하는 끈기와 열정, 이 모든 것에 긍정적인 마인드까지 가진 정말 멋진 여성이니까요.

나도 케이티 쿠릭처럼!

"긍정의 힘이 있으면
 꿈에 훨씬 더 가까이 갈 수 있어요."

꼭 이루고 싶은 꿈이 있나요? 꿈을 향해 가는 과정에서 한 번 넘어졌다고 해서 좌절하지 마세요. 아니, 두 번 세 번을 시도했는데도 안 된다고 포기하지 마세요. 물론 그 순간엔 슬프고 힘들겠지만 그렇다고 부정적인 생각을 한다면 상황은 더 안 좋은 쪽으로 흘러가게 될 테니까요. 그때 '아니야, 난 할 수 있어. 포기하지 말자!'라고 생각해보세요. 긍정의 힘은 우주를 내 편으로 만드는 놀라운 힘을 발휘한답니다. 긍정의 힘으로 한 걸음씩 앞으로 나아가다 보면 꿈에 훨씬 더 가까워진 자신을 발견할 거예요!

2

여자니까 더욱 당당하게, 여자니까 더욱 거침없이

따뜻한 카리스마로 인종과 성별의 벽을 넘은 펩시 CEO 인드라 누이

Indra Krishnamurthy Nooyi

"At the end of the day,
success does not come to people
who don't work hard, who don't pay their dues."

결국 성공이란 열심히 일하지 않는 사람,
제 몫을 다하지 않는 사람에게는 찾아오지 않는다.

어떤 상황에서도 주눅 들지 않는
자신감이 필요한 너에게

오늘은 인도 출신의 위대한 여성, '인드라 누이'에 대한 이야기를 해주려고 해. 그녀는 우리가 잘 아는 '펩시'라는 세계적인 회사에 여성으로서는 최초로 CEO가 된 사람이란다. 미국인 남자도 웬만해선 오르기 힘든 자리에, 인드라 누이는 인도 출신의 여자로서 미국을 대표하는 기업인 펩시의 CEO가 된 것이니 얼마나 대단하니? 게다가 그녀는 어릴 때부터 너무 가난해서 남들처럼 제대로 공부를 할 수도 없었고, 좋은 옷도, 좋은 음식도 누려본 적이 없어. 하지만 항상 기죽지 않고 당당하게 앞으로 나아가곤 했단다.

특히 그녀의 면접 이야기를 들으면서 내가 처음으로 면접을 봤을 때를 떠올려보게 됐어. 꼭 20년 전, 태어나서 처음으로 면접시험이라는 걸 봤지. 그때는 요즘과 달라서 시간을 들여 면접을 따로 준비하지 않았어.

언론사 시험을 준비한 지 얼마 되지 않기 때문에 시험에 합격할 거라고는 생각도 못했는데, 필기시험에 덜컥 합격을 했지 뭐야. 당장 가장 큰 고민은 옷이었어. 면접을 보려면 투피스 정장을 입어야 하는데 그런 옷이 내겐 한 벌도 없었거든. 대학에 다닐 때까지 나는 항상 남자처럼 짧은 머리에 청바지와 티셔츠, 운동화 차림이었으니까. 화장은 물론 안 했고.

부랴부랴 옷을 샀어. 가장 평범해 보이는 것으로 고르긴 했지만, 그조차도 그렇게 어색할 수가 없었어. 남들은 아무렇지도 않은데, 나만 스스로 딴 사람 같아서 자꾸만 쇼윈도에 나를 비춰보곤 했으니까. 치마도, 구두도 왜 그렇게 불편하기만 한지 면접을 보면서도 속으로는 내내 '다리를 꼭 모으고 있어야지.' 하는 생각만 줄곧 했던 것 같아.

결국 나는 그 면접에서 떨어졌어. 당시엔 너무 화가 났어. "아니, 왜 내가 떨어진 거지? 나이가 어려서? 전공이 달라서?" 하면서 투덜댔어. 하지만 지금 돌아보면 너무 당연했어. 내가 나를 어색해 하고 스스로 주눅이 들어 있는데 면접관들이 나를 당당한 인재로 봐줄 리가 없잖아?

인드라 누이도 태어나 처음 본 면접에서 나처럼 자신 없는 모습으로 실패를 하고 말았대. 하지만 그녀는 거기서 포기하지 않고, 다시 도전했단다. 성공하기 위해서 가장 필요한 것은 바로 '자신감'임을 깨달은 거야. 내가 당당해야 사람들도 그런 나를 진정으로 믿을 수 있다는 사실을 말이지.

누구에게나 약점은 있단다. 너에게도 스스로 자신 없어 하는 부분, 또 남들보다 못하다고 여겨지는 부분들이 있을 거야. 하지만 그 부분을 우선 인정하고 받아들여서 오히려 그것을 긍정적인 요인으로 딛고 자신 있게 일어선다면 분명 그 미래는 다를 거야.

어때, 우리보다 훨씬 힘든 상황에서 시작했던 인드라 누이의 이야기, 궁금하지 않니?

인드라 누이 *Indra Krishnamurthy Nooyi*
펩시 CEO 겸 회장, 세계에서 가장 성공한 여성 CEO

2009년 포브스가 선정한 세계에서 가장 영향력 있는 여성. 1955년 인도 첸나이에서 태어나, 인도 대학에서 석사학위를 받았으며 뒤늦게 미국으로 건너가 글로벌 기업 펩시의 수장으로까지 올라선 위대한 여성으로 손꼽힌다.

세계에서 세 번째로 높은 연봉을 받으며, 항상 과감하면서도 현명한 전략으로 늘 2등만 하던 펩시를 최초로 1위로 역전시킨 인물이다.

〈포춘〉지가 선정한 '가장 파워풀한 비즈니스 여성 50인'에 5년 연속 1위를 차지하기도 했다. 시대와 피부색을 뛰어넘는 따뜻하면서도 부드러운 리더십으로 세계 모든 여성의 롤 모델이 되고 있다.

"자신감, 그것이야말로 너를 가장 빛나게 해주는 옷이야!"

매일 밤 즐거운 엄마의 퀴즈 시간!

세계적인 기업 펩시의 여성 CEO로서, 가장 영향력 있는 여성 리더로 손꼽히는 인드라 누이. 하지만 그녀의 어린 시절은 그리 평탄하지 못했다. 1955년, 인도 남서부의 작은 도시 첸나이의 중산층 가정에서 태어났지만 당시 인도에선 '중산층'이라고 해도 먹는 물조차 구하기 힘들 만큼 경제적으로 어려웠다. 물을 구하려면 아침마다 공동급수장으로 물을 받으러 가야 했는데, 인드라 누이의 가족도 날마다 새벽 3~5시에 일어나 물을 길어왔다. 인드라 누이와 언니인 찬드리카, 나이 어린 남동생까지 모두 양동이 두 개를 가득

채워 와야 하루 생활이 가능했다.

이렇게 가난한 가정이었지만, 인드라 누이는 한 번도 불평불만 하지 않았다. 그녀에게는 늘 자신의 편이 되어주던 어머니가 있었기 때문이다. 대부분의 인도 가정이 그렇듯 인드라 누이의 집안도 대가족이었는데, 집안 살림이나 아이들 교육은 전부 어머니가 도맡아 했다. 인드라 누이의 어머니는 딸들이 좀 더 넓은 세상에서 자신의 뜻대로 살기를 바랐다. 어머니 자신이 대학에 가서 공부도 하고 멋진 여성으로 자라나고 싶었지만 부모에게 억지로 떠밀려 일찍 결혼해야 했던 게 한으로 남았기 때문이다. 그래서 힌두교를 믿으면서도 딸들은 일부러 가톨릭계 여학교에 보냈다. 당시 인도에서는 흔한 일이 아니었다.

"자, 오늘도 퀴즈를 맞춰볼까?"

매일 밤 저녁밥을 먹고 나면 세 아이는 어김없이 어머니가 내는 문제를 풀어야 했다. 인드라 누이는 가난에 찌들려 고단한 하루를 보냈으면서도, 밤마다 어머니가 내는 퀴즈 시간을 손꼽아 기다리며 하루를 참아냈다.

"가장 대답을 잘 하는 사람이 오늘의 우승자가 되는 거다!"

"네에!"

어머니가 내는 문제들은 사소한 듯하면서도 깊이 생각하지 않으면 쉽게 대답할 수가 없었다. 어머니는 이따금 기아, 질병, 경제 불황처럼 세계 여러 나라에서 벌어지는 심각한 일에 대한 문제를 내기도 했다. 또 미래의 꿈에 대해서 가장 그럴 듯하게 대답하는 사람에게 상을 주기도 했다. 인드라 누이의 세 남매는 밤마다 어머니의 질문에 대답을 하면서, 자신들이 마치 유명한 철학자나 정치인이 된 것처럼 나름의 해결책을 내놓기도 했고, 한 문제를 가지고 오랫동안 토론을 하면서 시간을 보내기도 했다.

세 남매 중에서 가장 기발한 아이디어를 내놓고 가장 조리 있게 설명하는 아이는 항상 인드라 누이였다. 그날도 어김없이 어머니는 세 아이에게 질문을 했다.

"왜 사람의 손가락은 다섯 개가 모두 다르게 생겼을까?"

모두들 그럴 듯한 대답을 던지긴 했지만, 역시 우승은 인드라 누이의 차지였다. 그녀는 한참 고민을 하더니 이렇게 대답했다.

"손가락마다 각각 생긴 게 달라야 하나의 손이라는 훌륭한 도구가 될 수 있으니까요!"

어머니는 인드라 누이의 대답을 들으며 미소를 지었다.

'분명 저 아이는 큰 사람이 되겠구나. 가난하고 힘들지만, 인드라 누이가 당당하게 자신의 꿈을 펼칠 수 있도록 뒷바라지를 하고 싶어.'

어머니의 생각처럼 인드라 누이의 가정은 늘 가난했고, 하루하루를 살아내기에 급급했지만 어머니는 자녀들의 교육에 대한 열의만큼은 꺾지 않았다. 특히 인드라 누이에 대한 애정만큼은 남달랐다. 자신이 못다 이룬 꿈을 딸이 해낼 수 있기를, 항상 간절히 바랐다.

가진 건 없지만 꿈만큼은 누구보다 크게!

가난한 환경에도 불구하고 인드라 누이는 열심히 공부했고, 긍정적인 생각으로 밝은 모습을 잃지 않았다. 학창 시절 인드라 누이는 어머니가 원하던 대로 자유분방하면서도 당찬 여학생이었다. 공부도 잘했지만 운동선수로 활약할 만큼 활발했고, 록 음악에 심취한 나머지 부모와 엄한 수녀들을 설득해 밴드를 만들어 공연까지 했다. 당시 인도에서, 그것도 수녀들이 운영하는 여학교에서는 상상조차 하기 힘든 당돌한 시도였다. 인드라 누이는 마음을 먹으면 못할 것이 없다고 생각했고, 그것을 현실로 만들어나가는 데 있어서는 어떤 걸림돌도 문제가 되지 않는다고 생각했다.

인드라 누이가 점점 더 큰 꿈을 갖고 도전할 수 있게 된 데는 할아버지의 몫도 컸다. 가난한 인도 사회에서는 대가족이 함께 사는 경우가 많았는데, 인드라 누이 또한 할아버지와 함께 지냈다. 할아버지는 어린 손녀들의 공부를 도와주곤 했는데, 그 중에서도 '지도를 보는 법'은 인드라 누이에게 참 흥미로운 공부였다. 할아버지는 지도를 자유자재로 읽을 수 있어야 한다고 가르치면서, '세계는 하나'라는 점을 늘 강조했다. 각기 다른 색깔을 가진 나라들이 모여 하나의 세상을 이루고 있다고 가르친 것이다. 인드라 누이는 할아버지와 함께 세계 지도를 공부하면서 자신이 살고 있는 인도가 세상의 전부가 아니라는 사실을 자연스럽게 깨닫게 되었다. 일찌감치 글로벌 의식을 갖게 된 셈이었다.

점점 나이를 먹으면서 그녀의 꿈도 커져갔다. 처음엔 '어떻게 하면 인도에서 가장 멋진 여성이 될 수 있을까?'를 생각했다면 이제는 '멋진 사업가가 되고 싶다'는 생각을 하게 됐다. 하지만 그러려면 비즈니스가 무엇인지를 먼저 알아야 했다.

"선생님, 비즈니스를 배워보고 싶은데 어떻게 해야 하죠?"

선생님은 인드라 누이의 당돌한 질문에 웃으며 대답했다.

"먼저 경영학을 공부하는 학교에 들어가야 해. 인도에는 MBA(Master of Business Administration, 경영학 석사 학위)를 딸 수 있는 대학은 단 둘뿐이란다. 그곳을 나와야만 인정을 받을 수 있어."

남자들도 하기 어렵다는 경영 공부. 그것도 단 둘뿐인 곳에 들어가 그 어려운 과정을 마쳐야 한다니 만만치 않은 일이었다. 하지만 인드라 누이는 조금도 망설이지 않았다.

'이건 결코 좁은 문이 아니야. 내 꿈은 크니까, 그만큼 더 노력해야 하는 게 당연해. 난 자신 있어. 열심히 하는 사람 앞에 이길 자는 없어!'

인드라 누이는 대학에서 무역을 전공하고 당당하게 MBA를 땄다. 그리고 존슨&존슨이라는 큰 다국적 기업에서 일하게 되었다. 하지만 직장 생활을 시작한 지 오래지 않아 회의를 느꼈다. 새로 일을 배우는 것은 재미있었지만, 계급 제도가 확고한 인도 사회에서 중산층, 그것도 여자가 성공할 수 있는 데는 한계가 있었기 때문이다.

'인도에서 여자가 성공하는 것에는 한계가 있구나. 여긴 너무 좁아. 여기서는 더 이상 내 꿈을 펼칠 수 없어!'

그녀는 인도가 답답하기만 했다. 어릴 적 할아버지가 지도에서 보여준 넓은 세상을 돌아다니며 비즈니스를 해보고 싶었다. 더 넓은 세상으로 나가 세계를 움직이겠다는 어릴 적 꿈을 실현시켜보고 싶었다. 그녀는 괜찮은 직장과 보수, 인도에서의 안정된 미래를 포기하고 웬만한 남자들도 성공하기 어렵다는 미국으로 건너가 공부를 하기로 결심했다.

하지만 이번엔 부모의 반대가 만만치 않았다.

"대학도 졸업했고 남부럽지 않은 회사에 취직까지 했는데, 이제 좋은 사람을 만나 결혼해야 하지 않겠니? 행복한 가정을 이루고 산다면 그것만으로도 충분히 성공한 인생이 될 거야."

하지만 인드라 누이는 자신이 가진 꿈을 결코 포기할 수 없었다. 자신의 상황이 여유롭지 못하고 미국에 가서 공부하기엔 모든 조건이 따라주지 않았지만 거기서 멈출 인드라 누이가 아니었다. 딸의 확고한 결심에 결국 부모도 두 손을 들었다. 그녀의 꿈을 말릴 사람은 이제 아무도 없었다.

자신감보다 빛나는 옷은 없다!

인드라 누이는 미국 명문 예일대 매니지먼트 석사과정에 입학했다. 아무리 인도가 영어권이고 MBA를 졸업했다고는 하지만 미국에서의 대학원 생활은 결코 쉽지 않았다.

무엇보다 큰 짐은 경제적인 부담이었다. 집에서 조금씩 도움을 주긴 했지만 사립대 등록금에 생활비에…… 그 돈으로는 턱없이 부족했다.

'아르바이트라도 해야겠어!'

인드라 누이는 학비를 벌기 위해 기숙사 안내 데스크에서 아르바이트를 시작했다. 시간 당 50센트를 더 받을 수 있다는 이유로 항상 밤 근무를 지원했다. 밤새도록 안내 데스크에 앉아 수업에 필요한 책을 읽고 있으면 어느새 아침 해가 밝아오고 있었다. 옷은 한

겨울이 아니면 늘 인도에서 가져온 사리로 해결했다.

하지만 그런 어려움도 자신의 꿈을 생각하면 버틸 수 있었다. 아무리 힘들어도 자신이 그토록 원했던 비즈니스 공부만 할 수 있다면 그녀는 못할 것이 없었다. 오히려 어릴 적부터 풍족하지 못했기 때문에 이런 힘든 상황을 견디는 데 익숙했고, 원하는 것을 얻기 위해서는 희생과 절제가 필요하다는 것을 잘 알고 있었다.

'잠을 많이 자면 공부를 할 수 없어. 내가 좋아하는 기타도 너무 치고 싶지만 공부를 위해선 참을 수 있어.'

인드라 누이는 항상 스스로에게 가장 높은 기준을 적용했고, 그 기준에 도달하기 위해 스스로를 채찍질했다.

이렇게 어려운 과정 속에서도 총명함을 잃지 않았던 인드라 누이는 오래지 않아 학교에 적응했다. 특히 어릴 적부터 익힌 열정적인 토론 실력과 날카로운 분석력으로 많은 사람들에게 주목을 받기 시작했다. 생각나는 것이 있으면 그때마다 어디에든 갈겨 써두는 악필 메모 습관은 이때부터 시작되었다.

그녀는 미국에서 공부하는 동안 상품을 만들어 팔기 위한 모든 과정과 회사를 운영하는 데 필요한 모든 지식을 꼼꼼하게 머릿속에 입력했고, 사업을 추진하는 데 필요한 능력을 기르는 데도 열심을 다했다. 그리고 인드라 누이는 2년 만에 매니지먼트 석사 학위를 받았다. 이대로 인도에 돌아간다면 전보다 더 좋은 직장에서 훨씬 많은 보수를 받으며 생활할 수도 있었지만 그녀는 생각조차 하지 않았다.

'이제부터 시작이야!'

여름 방학 동안 컨설팅 회사인 부즈&컴퍼니에서 인턴으로 일한 인드라 누이는 1차 목표를 미국의 큰 컨설팅 회사에 취업하는 것으로 삼았다.

예일대 대학원 졸업을 앞둔 인드라 누이는 자신의 목표대로 유명 컨설팅 회사인 보스턴 컨설팅 그룹에 지원서를 냈다. 면접시험을 보러 오라는 연락을 받았지만, 기쁨 이전에 한숨부터 나왔다. 성적도 좋고, 질문에 대한 대답도 잘할 자신이 있었다. 하지만 옷이 문제였다.

'면접을 보러 갈 만한 옷이 없어. 좋은 옷을 살 만한 돈은 더더욱 없고. 가난한 인도 유학생에게 좋은 옷은 사치일 뿐이야.'

평소에도 인도에서 가져온 사리만 입던 그녀였다. 할 수 없이 그녀는 가진 돈을 탈탈 털어 50달러(53,000원)짜리 바지 정장을 샀다. 인드라 누이에겐 그것이 최선이었다. 하지만 평소 쇼핑을 해본 적이 없는 그녀가 남들 눈에 멋져 보일 만한 옷을 고를 리가 없었다. 늘 사리만 입다 보니 바지 정장을 입은 자신이 어색하기만 했다.

면접 날. 시험을 담당한 면접관은 인드라 누이에게 결코 좋은 점수를 줄 수가 없었다. 유행이 한참 지난 바지는 후줄근하기만 했고, 그 옷을 입은 그녀의 행동 또한 자연스럽지 못했다. 면접은 외적으로도 최고의 모습을 보여주어야 하는 자리다. 더구나 컨설턴트에게 완벽한 옷차림은 상대에 대한 예의이자 신뢰감의 표현이었다. 하지만 그날 인드라 누이의 모습은 면접에 임하는 성의가 의심스러울 정도였다. 결과는 당연히 낙방이었다.

'모든 게 옷차림 때문이야. 옷차림이 이러니 당연히 자신감도 없고……'

"교수님, 제가 면접에 떨어지다니 믿을 수가 없어요. 아무래도 모든 게 그날 옷차림 때문인 것 같아요."

면접에 떨어진 인드라 누이는 속상한 마음에 지도교수를 찾아가 하소연을 했다.

"나도 정말 믿을 수가 없구나, 너처럼 총명한 아이가……. 대체 무엇을 입었기에 그러니?"

"시장에서 산 싸구려 정장이었어요. 그 옷을 입고 있으니 너무 어색하고 신경이 쓰여서 저도 모르게 자신감을 잃었나 봐요. 그분들이 보기에도 그런 제가 너무 아마추어 같았을 거예요."

"그랬구나……. 인드라, 인도에서는 면접을 볼 때 무슨 옷을 입니?"

"당연히 사리를 입어요. 그게 가장 격식을 갖춘 옷차림이니까요."

"그래, 바로 그거야. 다른 사람을 따라 하려고 하지 말고 그냥 너 자신이 되어라. 가장 너다운 모습을 보여주란 말이야, 당당하게."

그제야 인드라 누이는 옷이 아니라 옷에 대한 자신의 생각 때문에 낙방한 것임을 깨달았다. 옷차림이 아니라 실력이 중요하다는 사실을 알면서도, 남들과 똑같이 보이기 위해 마지못해 싸구려 옷을 사 입고 마음에 들지 않는 모습을 한 채 면접관 앞에 선 자신의 모습에 스스로 위축되었던 것이다.

인드라 누이는 지도교수의 도움으로 다시 한 번 면접을 볼 수 있었다. 두 번째 면접에 그녀는 당당하게 사리를 입고 갔고, 그 이유에 대해서도 자신 있게 밝혔다.

"저희 인도에서는 사리를 입는 것이 최고의 격식을 갖춘 것이기 때문에 이런 모습으로 참가하게 되었습니다!"

면접관은 그제야 인도 전통 의상을 입은 인드라 누이를 능력 있고 당당한 인재로 봐주었고, 결과는 당연히 합격이었다.

인드라 누이는 보스턴 컨설팅 그룹에서 시작해 차근차근 경력을 쌓아가기 시작했다. 그녀는 어떤 어려운 상황에서도 당황하지 않고 차분하게, 그리고 당차게 문제를 해결해나갔다. 결코 남을 탓하는 법이 없었다. 그녀는 이제 더욱 자신감에 차 있었고, 앞으로도 절대 그 자신감을 잃지 않겠다고 다짐하며 한 걸음 한 걸음 꿈을 향해 앞으로 나아갔다. 자신감은 그 무엇도 대신할 수 없는 가장 빛나는 옷이라는 것을 깨달았기 때문이었다.

옳다고 판단한 일이라면
주저 없이 밀어붙이는 불도저 여인

인드라 누이는 회사를 옮겨가며 점점 더 커리어를 쌓았고, 그만큼 연봉도 올라갔다. 미국 비즈니스 엘리트들의 정통 코스를 섭렵한 인드라 누이는 이제 어느 회사에서나 탐낼 만한 인재가 되었다. 미국의 내로라하는 대기업들에서 러브콜이 들어왔고, 고민 끝에 결국 그녀는 펩시를 택했다. 이제는 계속 올라가기만 할 것이 아니라 한 곳에 뿌리를 박고 정상을 노릴 때였다. 펩시는 앞으로 해야 할 일이 훨씬 많다는 점에서 더 매력적이었다. 1위가 아닌 2위라는 점이, 늘 꿈을 향해 도전하는 그녀에겐 더 맞으리라는 판단이었다. 그리고 1994년, 인드라 누이는 펩시맨이 되었다.

펩시에 스카우트된 인드라 누이는 부진을 면치 못하던 외식사업을 과감하게 정리해나가기 시작했다. 보통 남자들도 쉽게 판단하기 힘든 일들을 그녀는 합리적으로 분석하고 결정했다. 당시 이름만 알려졌지 회사엔 도움이 안 되는 피자헛, KFC, 타코벨 등의 패스트푸드 업체들을 바로 팔아버리고 매출이 감소하는 브랜드도 과감하게 정리했다.

하지만 그게 다가 아니었다. 이제 쓸데없는 사업 부문을 다 팔았으니, 그 돈으로 회사에 도움이 되는 다른 기업들을 사들여 이익을 내야 돌파구를 찾을 수 있었다. 또 경쟁사인 코카콜라가 매출의 71%를 해외에서 벌어들이는 데 비해 펩시는 겨우 29%에 불과했다.

'이래선 영원히 코카콜라를 따라잡을 수 없어!'

많은 고민 끝에 인드라 누이는 주스나 스포츠 음료부터 공략해야 한다고 결론을 내렸다. 정확한 목표를 설정하고 그에 맞는 실천 계획을 제시하는 것이야말로 인드라 누이의 가장 큰 능력이었다.

"이제 웰빙 열풍이 불고 있습니다. 탄산음료의 소비가 줄고 주스와 스포츠 음료에 대한 수요가 늘어나고 있어요. 좀 더 건강을 생각하는 제품을 개발해야 합니다."

하지만 회사 입장에서 하루아침에 갑자기 이러한 변화를 받아들이기는 쉽지가 않았다.

"회장님, 저를 믿어주세요. 절대 후회하지 않을 것입니다!"

인드라 누이는 펩시 CEO에게 자신의 의견을 강력하게 주장했고, 정확한 데이터로 이러한 주장을 뒷받침했다. 그녀는 자신이 옳다고 판단한 일에 대해서는 불도저처럼 밀어붙였다. 겉으로 보면 늘 사람 좋은 인상을 하고 있지만, 친구들은 그녀를 '철인'이라고 부를 정도로 당찼다. 펩시 CEO 로저 엔리코는 그러한 그녀를 '내 평생 가장 뛰어난 협상가'로 불렀고, 결국 그녀의 뜻을 받아들였다.

거액의 돈이 오가는 기업 간의 인수전에서도 인드라 누이는 탁월한 협상력을 발휘했고, 우리가 잘 알고 있는 트로피카나, 게토레이 등을 만드는 알짜배기 회사를 사들여 펩시를 인류에게 건강한 식음료를 제공하는 회사로 발돋움하게 했다. 동시에 중국, 중동, 인도 등 해외 시장 개척에도 주력해 회사를 점점 더 발전시켜나갔다.

2001년, 인드라 누이는 회사의 재무를 총괄하는 CFO가 되었다. 그때까지 인도 출신 여성으로서는 가장 높은 자리였다. 그녀가 CFO로 있는 5년 동안 펩시의 연 수익은 72%까지 높아졌고 순수익은 2배나 많아졌다. 그녀의 모든 능력은 옳다고 생각하는 데 있어 굽히지 않는 자신감에서 비롯되었으며, 이 자신감은 모든 일에 대한 결과가 뒷받침해주고 있었다.

자신이 가진 모든 약점을 강점으로 만든
자신감의 상징, 인드라 누이

인드라 누이에게 더 이상 인도 출신의 여자라는 것으로 손가락질을 하는 사람은 없었다. 탁월한 성과와 실적은 그녀가 얼마나 뛰어난 인물인지를 보여주기에 충분했으니까. 2006년, 그녀는 펩시 CEO에 올랐다. 미국에 온 지 28년 만에 드디어 그녀의 꿈대로 최정상에 오른 것이었다.

그녀의 실적으로 봤을 때는 그것이 당연했지만 여전히 많은 우려가 있었다. "인드라 누이는 전략과 기획, 재무에는 뛰어나지만 한 번도 회사를 운영해본 적이 없잖아. 오히려 부회장인 마이크 화이트가 해야 하는 거 아닐까?"라고 사람들이 수군댔기 때문이다.

하지만 인드라 누이는 개의치 않았다. 이제까지의 경험으로도 충분히 운영해갈 수 있다고 자신했다. 대신 자신의 독단과 독선이 아닌, 언제나 믿을 수 있는 사람들을 곁에 두고 그들의 의견을 수렴하면서 함께 운영해나가겠다고 다짐했다. 마이크 화이트도 그 중 한 사람이었다.

'이제 난 달라져야 해. 지금까지는 실적과 성과로 모든 것을 보여주었지만, 이제 최고 윗사람으로서 다른 이의 주장을 포용하고 또 더욱 겸손해져야 해. 그들의 기대가 무너지지 않도록 더욱 노력해야겠어.'

인드라 누이는 딱딱한 회의 분위기를 바꾸고, 등받이가 높은 사장 의자에서 내려와 책상에 걸터앉아 회의를 진행했다. 격식에 얽매이지 않고, 모두가 동등한 입장에서 자유롭게 자신의 의견을 말할 수 있도록 말이다.

이러한 그녀의 리더십은 성별과 인종을 넘어 모든 사람들에게 존경을 받게 되었다. 어떤 환경과 어려움도 그녀를 굴복시킬 수 없었다. 그녀 또한 어떤 상황 속에서도 긍정적인 마음을 절대 잃지 않았다.

"자, 이제 코카콜라를 잡을 때가 왔습니다!"

펩시는 몇 차례의 콜라 전쟁을 치렀지만 한 번도 1위를 차지하지 못했다. 많은 임원들이 '코카콜라는 넘을 수 없는 산이다.'라고 생각했고, 어떠한 시도조차 하지 않았다.

인드라 누이는 코카콜라에 대한 분석을 철저하게 해나가면서 역전을 할 기회를 노리기 시작했다. 미국에서 트랜스 지방이 사회적 문제가 되자 펩시의 모든 제품에서 트랜스 지방을 빼겠다고 선언했다. 미국 대기업 중에서는 최초였다. 트랜스 지방을 사용하는 것이 훨씬 이득이었지만, 건강한 식음료 기업이 되겠다는 명분을 위해 과감히 포기한 것이다.

뿐만 아니라 자신의 비전을 회사의 모든 사람들과 공유하고, 위아래 구분 없이 자유롭게 의견을 주고받되, 회사의 원칙과 비전을 향해서는 똘똘 뭉친 조직을 만들었다. 그리고 인드라 누이가 CEO가 된 지 1년이 되던 해, 드디어 펩시는 역사상 처음으로 코카콜라를 제치고 1위가 되었다! 전 세계 비즈니스계가 깜짝 놀랄 만한 사건이었다. 이제 인드라 누이는 회장직까지 겸하게 되었다.

직급이 올라가고 회사가 성장하면서 그녀의 연봉도 하늘 높은 줄 모르고 치솟았다. 보너스까지 합치면 거의 1,070만 달러(113억 원)이 넘었다. 인도의 평범한 샐러리맨 시절에는 감히 상상도 할 수 없었던 일을 오직 자신의 힘으로 이루어낸 것이었다. 그녀는 연속 5년 동안이나 〈포춘〉이 뽑은 '가장 파워풀한 여성' 1위를 차지했다.

'겸손함', '책임감'을 두루 갖춘 완벽한 리더십을 발휘하다

인드라 누이는 오랫동안 인도를 떠나 미국에 정착했지만, 자신의 근원이 인도임을 한시도 잊지 않았다. 특히 자신을 강하고 단단하게 만들어준 어머니의 말씀을 늘 되새겼다. 인드라 누이의 어머니는 그녀가 미국에서 엄청난 성공을 거둔 후에도 늘 가정의 소중함에 대해 일깨워주었다.

"엄마, 엄마! 빅 뉴스에요!!!"

한번은 인드라 누이가 펩시의 CEO가 되었다는 소식을 전하기 위해 밤늦게 집으로 갔을 때, 어머니는 그녀에게 "우선 우유부터 사가지고 오너라." 하고 시켰다. 시무룩한 표정으로 우유를 사온 딸에게 어머니는 말했다.

"바깥에서 쓰는 왕관은 집에 올 때는 벗어놓고 와야 한단다. 네게 가장 중요한 자리는 바로 가정이니까."

실제로 인드라 누이는 세계에서 가장 바쁜 CEO이지만 누구보다 가정을 소중하게 생각한다. CEO이기 이전에 두 딸의 엄마, 한 집안의 살림을 이끄는 주부라는 자신의 역할을 잊지 않는다. 가능하면 집을 비우지 않고 먼 출장을 가더라도 꼭 집에 돌아와 가족들과 함께하려고 애쓴다.

자신이 어릴 적 어머니로부터 배운 교육 때문에 한 가정에서 어머니의 역할이 얼마나 중요한지를 누구보다 잘 알기 때문이다. 비록 그녀는 가난하고 어려운 환경에서 자랐고, 공부를 하는 과정에서도 늘 극복해야 할 일들투성이었지만 그녀가 가정에서 배운 대로 늘 밝고 긍정적으로 이겨낼 수 있었다.

그녀는 이러한 가정의 중요성을 늘 마음에 새기면서 직원들에게도 엄마 같은 CEO가 되기 위해 노력한다. 회사를 가정으로 여기고, 가족과도 같은 직원들이 어려운 환경에 처해 있을 때는 언제든 격의 없이 대화를 나누고 문제를 해결할 수 있도록 도와준다. 인드라 누이는 자신의 리더십을 '사람을 생각하고 그들에게 힘을 주는 리더십'이라고 표현한다.

심지어 인드라 누이는 펩시의 회사 경비와도 서슴없이 사적인 얘기까지 나누곤 한다. 회사 모임이 있을 때면 어릴 적부터 좋아했던 기타도 연주하는 등 가감없이 자신의 모습을 보여준다. 직원들에게는 이메일을 보내 업무가 아닌 자신이 경험하고 느꼈던 소소한 이야기들을 전달해 다독여주기도 한다.

보통 사람이었다면 그런 힘든 환경 속에서 늘 불평만 하고, 경제적인 어려움을 견디지 못해 중도에 포기하고 말았을 테지만 인드라 누이는 오히려 그러한 부족한 부분들을 자신의 강점으로 만들었고, 힘들고 어렵게 사는 것이 무엇인지 잘 알기에 늘 겸손했다.

항상 당당한 자신감에 겸손함과 책임감까지 두루 갖춘 인드라 누이의 리더십은 21세기에 가장 바람직한 CEO 리더십 중 하나로서 많은 이의 존경을 받고 있다.

성별, 피부색, 가난을 뛰어넘은 따뜻한 리더, 인드라 누이

미국이 아무리 개방적인 나라라고 하지만 그래도 여전히 외국 사람들에 대한 편견은 높습니다. 특히 인도 출신의 여성이 미국 대기업에서 CEO까지 오른다는 것은 상상도 할 수 없는 일일지 모릅니다. 하지만 인드라 누이는 남성들조차 힘들다는 비즈니스 세계에서 당당히 자신의 꿈을 이룬 위대한 인물로 손꼽힙니다.

인드라 누이는 처음부터 자신이 너무나 불리한 조건을 가지고 있다는 걸 알고 있었어요. 자신의 성공 비결을 묻는 질문에 "여자로서, 외국인으로서, 미국에서 성공하기 위해서는 그 누구보다 똑똑해야 했습니다."라고 대답했을 정도니까요. 그리고 정말 똑똑해지기 위해서 최선을 다해 노력했습니다. 불리한 조건이나 꿈을 이룰 수 없는 상황에 대해서는 생각하지 않았어요.

넘지 못할 벽이 다가와도 그것이 자신이 가난한 가정에서 태어났거나 여자로 태어났기 때문이라고 생각하지 않았고, 어떻게든 그 벽을 넘기 위해 자신을 더욱 무장하고 더 많은 지식을 자기 안에 채우기 위해 노력했어요.

Indra Krishnamurthy Nooyi

미국의 중심 기업에서 일하면서도 결코 자신의 출신을 감추거나 부끄러워 하지 않았죠. 당당하게 인도 전통 의상인 사리를 입고 면접에 합격했고, 자신의 가정에서 배운 대로 모성 리더십을 이용해 조직을 끌어안았어요. 모든 이에게 존경 받는 리더로서 말입니다.

이처럼 인드라 누이는 자신의 불리한 배경을 극복하고 성공에 도전하는 모든 여성에게 최고의 모범답안이 되어주고 있습니다.

나도 인드라 누이처럼!

"꿈은 크게, 자신감은 더 크게!"

나이가 어려서, 여자라서, 집이 너무나 가난해서, 학벌이 좋지 않아서, 머리가 나빠서, 얼굴이 못 생겨서…… 언제까지 이런 꼬리표를 달고 다닐 건가요? 이렇게 늘 불평만 하고 주눅 들어 있으면 꿈이란 결코 내 손을 들어주지 않아요. '가난하다고 꿈까지 가난할 수 없다'는 말이 있듯이 현실 때문에 꿈까지 포기해서는 안 돼요. 지금 마음속에 꿈틀거리는 꿈이 있나요? 그렇다면 절대 그 꿈을 포기하지 마세요. 그리고 꿈을 향해 더 큰 자신감을 가지세요. 어떤 순간에도 주눅 들지 않는 자신감은 모든 약점을 강점으로 바꾸어놓는답니다!

3

섹시하게 매혹하라, 하지만 옳다고 생각하는 일에는 과감하라

다른 사람의 시선을 두려워하지 않고 대범하게 앞으로 나아간 안젤리나 졸리

Angelina Jolie

"There's nothing I have to hide or defend.
I'm going to live my life."

나는 그 무엇도 감추거나 방어하지 않는다.
나는 있는 그대로 내 인생을 살 것이다.

굽히지 않는 의지가 필요한 너에게

혹시 할리우드 스타 '안젤리나 졸리'를 알고 있니? 인기 있었던 여러 영화에 여주인공으로 출연하기도 했지. 나도 무척 좋아하는 배우란다. 여자로선 하기 힘든 액션도 그 예쁜 얼굴로 과감하게 소화해내는 모습이 무척 멋있어 보이거든.

지금은 멋있기만 한 그녀에게도 많은 고난의 순간들이 있었어. 하지만 안젤리나 졸리는 다른 이의 시선이나 말에도 아랑곳하지 않고 무슨 일이든 자신의 소신대로 밀어붙이는 것으로 유명했지. 우연히 그녀에 대한 이야기를 읽으면서, 내 어린 시절 이야기가 생각났어.

초등학교 2학년 때였던가? 그때 우리 반에는 유난히 작고 귀여운 여자 친구가 있었어. 어느 날 수업 시간에 선생님은 그 친구를 불러 심하게 혼을 냈어. 학교에서 작은 사고가 일어났는데, 그게 그 친구 때문이라고 생각을 했던 거야. 누가 봐도 그 친구 잘못이 아니었기에 난 "선생님, 그게 아니에요!"라고 말을 해주고 싶었지만 그러다가는 나까지 혼이 날까 봐 아무 말도 못했어. 반 전체가 쥐죽은 듯 조용했고, 그 작은 친구는 끝까지 "제가 그런 게 아닙니다."라고 말하며 절대 잘못을 빌거나 변명을 하지 않았어. 버럭 화를 내던 선생님은 친구가 너무 단호하자 그제야 이상하게 여기고 자초지종을 물으셨어. 그리고 결국 "내가 오해를 한 것 같구나. 미안하다." 하며 친구를 다독여주셨단다.

반 친구들은 그녀의 용감한 모습을 보며 감동을 받았고, 어느새 그 친구가 하는 말이라면 다 믿게 됐어. 덩치는 훨씬 크면서 아무 말도 못했던 내 모습을 보니 겁쟁이 같은 내가 부끄럽기만 했어. 그래서 난 다짐했지. '만약 다시 이런 상황이 온다면 꼭 '이건 아니야.'라고 말할 테야.' 하고. 그때부터 난 무얼 하든 대범하게 내 생각을 표현할 수 있게 되었어요.

하지만 꼭 한 가지 기억해야 할 것은 대범함 뒤에는 반드시 책임이 따른다는 사실이야. 대범함을 몸소 보여주고 그 결과에 대해서 책임을 지는 사람, 바로 '안젤리나 졸리'가 그랬어. 안젤리나 졸리는 아버지가 배우였지만 그 그늘 아래에서 "누구누구의 딸"이라고 불리는 게 싫어 과감하게 이름을 바꾸고, 여성스러운 연기만 하는 게 싫다며 몸을 사리지 않고 액션 연기에 뛰어들었지. 그리고 이젠 6명 자녀의 엄마로서 전 세계의 가난하고 힘든 아이들을 도우며 살아가고 있단다.

안젤리나 졸리는 결코 평범하지 않은 길을 선택해서 꿋꿋하게 걸어갔고, 굽히지 않는 의지 뒤에 따라오는 책임을 질 줄 아는 여성이었어. 소문과 사건이 많은 할리우드에서도 절대 남의 이야기에 흔들리지 않고 소신을 지켜나갔단다. 너도 앞으로 다른 사람의 시선 때문에, 혹은 그게 옳다고 생각하지만 너무 겁이 나서 주저하게 된다면 용기를 가져보렴. 그러면 훨씬 더 많은 기회가 주어지고 더 재미있는 세상이 펼쳐질지도 모르니까.

자, 그러면 누구보다 대범했던 안젤리나 졸리, 그녀의 이야기를 들어볼까?

안젤리나 졸리 *Angelina Jolie*
할리우드 최고의 톱스타, 유엔난민기구 친선대사

벌에 쏘인 듯 개성 있는 입술, 강인하면서도 매혹적인 몸매, 뛰어난 연기력으로 인정받은 할리우드 최고의 실력파 여배우. 〈툼 레이더〉, 〈미스터 앤 미세스 스미스〉 등 흥행작을 연발하며 가장 인기 있는 여배우로 전 세계의 주목을 받고 있다. 자신의 인기나 명성과 상관없이 2001년부터 유엔난민기구 친선대사로 직접 발 벗고 뛰고 있으며, 입양자녀 3명과 친자녀 3명을 기르고 있는 열혈 맘으로도 유명하다.
다른 이의 시선이나 출신에 아랑곳하지 않고 자신의 길을 스스로 선택하고 과감하게 나아가 현재의 위치에 이르렀으며 그 추진력과 대범함은 많은 이의 동경 대상이 되고 있다. 〈포브스〉지가 뽑은 '전 세계에서 가장 영향력 있는 여성'에 오른 몇 안 되는 배우로 손꼽힌다.

"두려워하지 말고 더욱 당당하게, 너 자신을 표현해봐!"

부모에게 기대지 않고 반드시 내 힘으로 해낼 거야!

어릴 적부터 끼가 많고 활발했던 안젤리나 졸리. 사실 그녀의 아버지와 어머니는 모두 배우였다. 특히 아버지는 아카데미상을 수상한 유명한 배우 존 보이트였다. 어머니, 아버지로부터 연예인으로서의 재능을 물려받고 아버지를 따라 일곱 살 때부터 종종 영화에 출연하기도 했으나, 그녀는 결코 자신의 부모가 배우라는 사실을 드러내고 싶지 않았다. 오직 자신의 힘으로 당당하게 사람들 앞에 서고, 스스로의 노력으로 성공하고 싶었기 때문이다.

안타깝게도 그녀의 부모는 안젤리나 졸리가 한 살이 되던 해 이

혼했고, 안젤리나 졸리는 오빠와 함께 어머니를 따라 뉴욕으로 가서 살게 되었다. 어머니는 안젤리나 졸리가 많은 재능을 타고 났다는 사실을 알고 있었으면서도 그녀가 배우가 되기를 바라지 않았다.

"연기자란 너무 힘든 직업이야. 특히 여자 배우로 성공하기는 정말 쉽지 않지. 엄마는 네가 연기자가 되어 그 험난한 길을 걷길 바라지 않는단다."

하지만 안젤리나 졸리는 엄마 손을 잡고 극장을 찾을 때마다 배우가 되겠다는 꿈을 키워갔고, 열한 살이 되던 해에는 이미 자신의 꿈을 '배우'로 결정했다. 어머니는 그런 그녀를 말릴 수 없어 딸을 연기학원에 보내기로 마음먹었다.

안젤리나 졸리는 연기에 뛰어난 재능을 보였지만 그녀의 십대는 평탄하지 않았다. 흔히 말하는 '반항아'라는 표현이 딱 어울릴지도 모르겠다. 반항기가 가득했던 안젤리나 졸리는 다른 사람의 말도 잘 듣지 않았고, 항상 검은 펑크스타일 옷에 머리는 자주색으로 물들이고 학교에 갔다. 학교에서 그녀는 가장 유명한, 하지만 그 누구도 친해지고 싶지 않은 여학생이었다. 그녀가 입을 열 때마다 터져 나오는 거친 말들은 모두를 멀어지게 만들었다.

연기는 반항기 가득한 그녀에게 유일한 돌파구였다. 다른 길을 생각해보려 했지만 결국 다시 연기자의 길로 돌아오게 되었다. 거침없는 행동에도 불구하고 강한 인상과 당돌한 태도를 가진 안젤리나 졸리는 뛰어난 연기력으로 십대부터 두각을 드러냈다. 웬만한 오디션은 쉽게 통과할 정도로 그녀는 돋보였고, 영화학을 전공했던 오빠와 함께 단편영화 몇 편을 찍은 후 〈사이보그2〉라는 저예산 영화로 정식 배우가 되었다.

"졸리? 흔치 않은 성이군요. 예명인가요?"
"아니요. 미들 네임입니다."
"그렇군요. 자, 그럼 대사를 읽어봐요."

안젤리나 졸리의 오디션은 대부분 이렇게 시작되곤 했다. 연예인들이 흔히 쓰는 예명도 없었고, 그냥 미들 네임을 성으로 사용했기 때문에 그녀의 이름은 늘 쉽게 머릿속에 새겨졌다. 그녀가 자기 아버지의 성을 따르지 않고 숨긴 이유는 단 하나였다. 아카데미상을 수상한 배우의 딸이라고 하면 모두가 색안경을 끼고 볼 것이었기 때문이다. 자신의 특이한 차림새, 기이한 행동에 대해서 뭐라고 하는 것은 상관없었지만, 자신의 연기에 대해서 선입견을 갖고 이야기하는 것은 참을 수 없었다.

사실, 어릴 적부터 안젤리나 졸리를 대하는 사람들의 시선은 남달랐다. 유명 배우의 딸이라는 사실을 아는 사람들은 대부분 그녀를 눈여겨보았고, 그런 시선을 받는 일은 어린 소녀에게 커다란 짐이었다. 레스토랑에서 밥을 먹을 때도, 학교를 다닐 때도, 심지어 연기학원에서 수업을 받을 때도 걸림돌이 되었다. 자신과 전혀 모르는 사람이 다가와 친한 척을 하질 않나, 조금만 실수해도 '배우의 딸이 왜 저렇지?'라는 생각으로 바라보는 모든 시선들이 불편하기만 했다. 더욱이 가정을 떠나버린 아버지는 아무런 방패막이가 되어주지 못했다. 안젤리나 졸리에게 '보이트'라는 아버지의 성은 자랑스러운 유산이 아니라 부담스러운 짐이었다.

"난 아버지의 딸이라는 이유로 특혜를 받기도, 아버지의 연기와 내 연기를 비교 당하기도 죽기보다 싫어. 지금부터 다시는 아버지의 성을 쓰지 않을 거야. 그리고 오직 내 노력으로 인정받고 말 거야!"

이십 대가 되기 전에 안젤리나 졸리는 그렇게 다짐했고 2002년에는 아예 정식 개명까지 했다. 그리고 오직 자신의 힘으로 배우가 되겠다던 다짐대로 노력을 거듭한 끝에, 스무 살이 되던 해 영화 〈해커스〉를 통해 메이저 영화에 데뷔했고, 1997년에는 드라마를 통해 인기를 끌기 시작했다.

여배우는 절대 할 수 없다고? 나에겐 문제없어!

점점 인지도를 얻어가던 안젤리나 졸리는 다른 배우들처럼 '예쁜 여배우'가 되고 싶지 않았다. 그것은 처음부터 자신과 맞지 않는 모습이었다.

"누군가에게 보이기 위해 나 자신의 삶을 바꿀 수는 없어. 배우가 되었다 해도 나는 안젤리나 졸리일 뿐이야."

사실 배우라면 사람들에게 '자신이 어떻게 보여질까'에 무척 신경을 쓰게 되지만 안젤리나 졸리는 여전히 그런 것에 아랑곳하지 않았다. 사적인 일도 서슴없이 드러내고 솔직하게 대처했다. 그녀는 배우로서도 스크린 바깥에서도 항상 '강한' 이미지의 여성이었다.

그렇게 강한 이미지가 굳어지다 보니, 안젤리나 졸리에게 예쁜 역할은 들어오지 않았다. 중성적인 해커, 반항적인 십대, 마약 중독과 에이즈로 짧은 생을 마감한 슈퍼모델 역할까지……. 웬만한 신인 여배우라면 결코 맡으려고 하지 않을 파격적인 역할들이었지만 안젤리나 졸리는 거침없이 그 역할들을 소화해냈다. 특히 자신의 모습과 많이 닮았다고 생각했던 영화 〈지아〉의 여주인공인 슈퍼모델 지아의 역할은 마치 자신의 이야기처럼 생생한 연기로 풀어내어 주목을 받았다.

망가지는 역할은 신인 연기자에겐 득보다 실이 더 많을 수도 있었지만, 그런 것보다 진정한 연기에 도전하는 것에 더 큰 의미를 둔 안젤리나 졸리는 곧 강렬한 이미지와 연기력을 겸비한 신인 여배우로 입지를 굳히며 골든 글로브 여우주연상을 수상했다.

이후 안젤리나 졸리는 〈처음 만나는 자유〉라는 영화를 통해 아카데미상과 골든 글로브, 미국배우조합의 여우조연상을 휩쓸었다. 이 영화에서 그녀가 연기한 '리사'는 정신병원에 수감된 소녀로, 슈퍼모델 지아보다 좀 더 안젤리나 졸리 자신에게 가까운 인물이었다. 안젤리나 졸리는 원작 소설을 읽고 한눈에 반해서 그 소설이 영화화된다는 소식을 듣자마자 바로 감독을 찾아가 '리사' 역할을 달라고 애원했다. 그리고 결국 역할을 따냈고, 주연보다 더 돋보이는 연기를 통해 정상의 자리에 우뚝 서게 된 것이다.

안젤리나 졸리의 연기에 대한 도전은 멈추지 않았다. 그녀는 2001년, 블록버스터 〈툼 레이더〉로 이번에는 180도 다른 모습을 선보였다. 영화가 개봉되었을 때, 많은 이들은 여주인공 라라 역을 맡은 안젤리나 졸리에게 놀라지 않을 수 없었다.

"아카데미상을 받은 여배우가 게임을 영화화한 만화 같은 영화의 주연을 맡다니!"

하지만 영화가 시작되자 사람들의 야유는 찬사로 바뀌기 시작했다. 각종 무술 대련은 물론 고공낙하까지⋯⋯ 여배우는 절대 할 수 없을 것 같은 고난이도의 액션을 안젤리나 졸리는 너무나 멋지게 해낸 것이다.

〈툼 레이더〉는 그야말로 안젤리나 졸리를 위한 작품이었다. 몸에 꼭 달라붙는 가죽바지에 탱크 탑 하나만 걸친 채 각종 무기를 자유자재로 다루며 악당들을 무찌르는 라라 크로프트(안젤리나 졸리)는 할리우드 역사상 가장 강력한 여전사의 탄생을 알리는 동시에 안젤리나 졸리를 할리우드에서 가장 섹시한 여전사로 자리매김하게 해주었다. 안젤리나 졸리의 액션은 남성들에게는 환상을, 여성들에게는 대리만족을 선사했다.

더구나 안젤리나 졸리는 이 영화에서 액션의 80%를 스턴트 없이 해냈다. 일반적인 할리우드 여배우들은 말할 것도 없고 이전까지 여전사를 연기했던 선배 여배우들에게서도 유례가 없는 일이었다. 영화 내용상 액션 씬이 너무나 많았기 때문에 함께 출연한 아버지 존 보이트조차 노심초사할 정도였다. 존 보이트는 나중에 한 인터뷰에서 이렇게 말했다.

"현장에서 같이 있는 동안 가슴이 늘 조마조마했습니다. 너무 위험한 장면을 찍을 때마다 그렇게 말려도 소용이 없었죠. 안젤리나는 절대 내 말을 듣지 않았어요. 그 아이는 정말 심할 정도로 독립적이고 고집불통이었습니다."

하지만 그러한 '여자답지 않은' 과감한 액션과 도전이 〈툼 레이

더〉를 성공적으로 만들었다고 해도 과언이 아니었다. 안젤리나 졸리 또한 자신이 〈툼 레이더〉를 선택한 이유를 이렇게 이야기했다.

"제가 이 영화를 선택한 이유는 단 두 가지였어요. 첫째, 여배우는 제대로 된 액션을 할 수 없다는 편견을 깨뜨리고 싶었어요. 여배우도 액션을 할 수 있다는 것, 배우라면 당연히 직접 연기를 해야 한다는 것이 제 생각이에요. 깨지고 베이고 화상을 입는 것쯤은 배우에겐 아무것도 아니죠. 오히려 근육질 몸을 만들기 위해 스스로 운동을 해나가면서 건강의 중요성을 다시 한 번 깨달을 수 있었어요. 그리고 둘째는 혈혈단신 싸움을 벌이는 여전사 역할을 통해 나 자신이 세상에 맞서 싸우는 강인한 여성이 되어보고 싶었던 거예요. 더 강인하게, 나 스스로 세상에 맞서는 체험을 영화를 통해 해보고 싶었던 겁니다."

〈툼 레이더〉 이후 안젤리나 졸리는 과거의 자신을 넘어서 이제 전 세계에서 가장 섹시하고, 강하고, 멋진 배우로 우뚝 섰다. 그녀는 〈툼 레이더2〉를 비롯해 십수 편의 영화에 주연으로 출연했고, 항상 그 역할을 가장 완벽하게 소화해내며 최고의 이미지를 만들어냈다. 심지어 〈솔트〉를 찍을 때에는 제왕절개 수술로 쌍둥이를 낳은 지 8개월 만에 촬영에 임해 전 스태프를 놀라게 하기도 했다.

안젤리나 졸리는 자신이 정말 잘하는 것이 무엇인지 알았고, 그것을 향해 가는 길에 걸림돌이 되는 것들을 감추거나 부끄러워하지 않았다. 어쩌면 지독할 만큼 자신의 생각을 주장하면서 다른 사람들의 말에 귀를 기울이지 않았는지도 모른다. 하지만 자신의 아픈 과거에도 불구하고 그런 점들을 '연기'라는 자신의 꿈을 통해 모두 덮어버릴 만큼 그녀는 열정적이었다. 그것은 오히려 자신이 가진 고집스러움을 순간순간 '대범함'으로 변화시킬 수 있었기 때문인지도 모른다.

'여자라서 안 돼.', '사람들이 수군대니까 안 돼.'라는 생각에 포기했다면 지금의 안젤리나 졸리가 있을 수 있었을까? 그녀는 액션 영화뿐 아니라 강한 이미지의 여성이 등장하는 모든 영화에 캐스팅 1순위인 배우가 되었고, 전 세계에서 가장 흥행을 올린 배우로 자리 잡았다. 2009년에는 〈포브스〉지가 선정한 '세계에서 가장 파워풀한 연예인 100명'에서 오프라 윈프리를 제치고 1위에 오르기도 했다.

이는 '안 된다'는 생각을 넘어 과감하게 도전하고, 새로운 것을 두려워하지 않고, 때로는 고집스럽게 자신의 생각을 주장하면서 대범하게 앞으로 향해 간 결과였을 것이다.

보여주기 위한 베풂이 아니라
진심이 담긴 선행을 할 거야

이제 더 이상 올라갈 곳이 없다고 할 만큼 유명해진 배우, 안젤리나 졸리. 그녀는 엄청난 부와 인기를 가진 여배우가 되었고, 마음만 먹으면 언제까지나 톱스타로서 화려한 삶을 살 수 있었다. 하지만 결코 그녀는 그런 삶을 선택하지 않았다.

"안젤리나 졸리가 난민들을 돕겠다고 나섰다고?"
"설마, 그냥 그러는 척하다 말겠지……."
사람들은 강하고 거친 여배우로서의 그녀를 기억하면서 그녀의 이런 선택을 믿어주지 않았다. 하지만 이번에도 그녀는 사람들의 시선에 절대 흔들리지 않았다. 이제 그녀는 자신에게 가장 중요한 가치가 무엇인지 찾았고, 다시 그 길을 향해 거침없이 달려가기로 마음먹었다. 그 길은 다름 아닌 '세계 각국의 고통 받는 난민들을 돕겠다'는 것이었다.

안젤리나 졸리가 이런 마음을 먹게 된 계기는 다름 아닌 〈툼 레이더〉 영화를 촬영하면서였다. 영화 촬영을 위해 몇 달 동안 머물렀던 캄보디아는 할리우드 스타로 살아왔던 그녀에게 진짜 세상이었고, 그만큼 엄청난 충격으로 다가왔다. 캄보디아를 비롯한 세계

각국에는 전쟁과 질병, 자연재해로 고통 받는 난민들이 넘쳐났다. 그들에 대해 알면 알수록 그녀 마음속에는 그들을 도와야겠다는 다짐이 더욱 굳게 새겨졌다.

"안녕하세요? 저는 안젤리나 졸리입니다. 그들을 위해 제가 할 수 있는 일이 무엇입니까? 그게 어떤 것이든 직접 참여하고 싶습니다."

"흠…… 그럼 우선 18일 동안 아프리카를 방문해보는 게 어떻겠습니까? 그곳을 직접 보고 와서 이야기해도 늦지 않을 것 같습니다."

촬영이 끝나고 미국으로 돌아온 안젤리나 졸리는 '유엔난민기구(UNHCR)'에 연락해 자신이 할 수 있는 일이 없는지 물었고, 이러한 제한을 받고 아프리카로 향했다.

"꼭 아프리카까지 가야 하니? 그곳은 너무 위험해. 미국에서도 충분히 도울 수 있잖아."

가족과 친구들은 그녀의 선택을 반대했고, 심지어 아버지는 유엔난민기구에 전화를 걸어 그녀의 방문을 취소시키려 했다. 하지만 안젤리나 졸리를 꺾을 수 있는 사람은 아무도 없었다. 오히려 아프리카 방문에 대한 모든 경비를 자신이 부담할 것이며, 현지 스태프들과 똑같은 대접을 받게 해달라고 요구했다.

에어컨도 나오지 않는 비행기를 타고 도착한 첫 목적지 시에라

리온. 내전으로 온 나라가 홍역을 앓는 와중에 납치, 강간 피해를 당한 어린 여성들의 자립을 돕기 위해 '아프리카여성교육포럼'이 열렸다. 그리고 그곳에, 할리우드에서 가장 잘 나가는 여배우 안젤리나 졸리가 찾아왔다. 그녀가 누구인지도 모르는 소녀들이었지만 그녀가 하는 이야기에는 큰 관심을 보였고, 대화가 끝날 무렵 소녀들은 안젤리나 졸리의 주소를 물었다. 할리우드 스타로서 주소를 가르쳐준다는 것은 프라이버시를 공개하는 일이었기에 자칫 위험할 수도 있었다. 하지만 친구가 되고 싶다는 소녀들의 바람을 저버릴 수 없었던 안젤리나 졸리는 칠판에 커다랗게 자신의 이름과 미국 집 주소를 적었다. 그리고 그날 자신의 일기에 '나도 이 아이들과 친구가 되고 싶다'고 썼다.

아프리카의 작은 국가 시에라 리온에서 안젤리나 졸리가 경험한 것은 그야말로 새로운 세계였다. 극도로 열악한 환경, 인간으로서 최소한의 보장도 받지 못하며 살고 있는 사람들. 하지만 그런 현실 속에서도 하루하루 열심히 살아가기 위해 애쓰는 그들의 의지를 보며 함께 눈물을 흘리고 감동했다. 그때의 경험은 이제까지 불안정하고 반항적으로 살아온 그녀의 삶을 통째로 뒤흔들었다. 그녀는 이제 자신의 삶을 힘든 사람들을 돕는 데 바치겠다고 마음을 먹었고, 이렇게 고백했다.

"과거의 나는 세상을 잘 몰랐고, 나만의 껍질 속에 갇혀 있었습니다. 다른 사람들을 돕기 시작하면서 비로소 나만의 세계에서 빠져 나와 진정한 나를 찾게 되었습니다."

화장기 하나 없는 맨 얼굴에 청바지와 티셔츠 차림으로 머리를 질끈 동여맨 채 난민들을 만나는 안젤리나 졸리의 모습은 이제 레드 카펫에서의 드레스 차림만큼이나 흔한 사진이 되었다. 하지만 안젤리나 졸리는 처음부터 유명 인사들이 흔히 하듯 '사진 촬영용' 봉사활동을 할 생각은 없었다. 그녀는 난민이 있는 곳이라면 가리지 않고 찾아갔고, 항상 직접 팔을 걷어붙이고 그들을 도왔다. 이제까지 그녀가 방문한 지역만 20개국이 넘는다. 또한 2001년부터는 자신이 번 돈의 1/3을 기부하고 있다. 할리우드 스타로서 많은 돈을 번다고는 하지만 아무리 부자라도 자신의 수입을 30% 이상 기부하는 일은 쉽지 않은 일이다.

스타로서는 쉽게 할 수 없는 결정을 내리고 '진심으로 선행을 베풀겠다'는 각오 아래 자신의 뜻을 실천하는 그녀의 모습에 많은 사람들도 감동을 받았다. 그제야 일시적인 감정이 아닌 누구보다 진심이 담긴 모습이라는 것을 알게 된 것이다. 그녀는 각종 사회단체를 통해 난민을 도와야 한다고 말했고, 그녀의 외침은 많은 사람들의 가슴에 깊이 가 닿았다.

안젤리나 졸리는 이렇게 많은 시간과 돈을 난민 구호를 위해 쏟아 부었지만 그것만으로도 충분하지 않다고 생각했다. 전 세계의 고통 받는 아이들을 모두 도울 수는 없겠지만 단 몇 명이라도 직접 보살펴주고 싶다는 생각이 들었고, 이를 행동으로 옮겼다. 입양을 하기로 한 것이다.

"저는 제가 보살필 수 있는 만큼 많은 아이들을 입양하고 싶어요. 많게는 14명까지 아이를 기를 겁니다. 말이 아니라 행동으로 인도주의를 실천하고 싶으니까요."

이렇게 해서 안젤리나 졸리는 입양할 아이를 만나기 위해 캄보디아로 갔다. 일반적인 부모들과는 달리 '귀여운 아이'보다는 자신과 느낌이 통하는 아이를 찾으려고 했다. 고아원에서 마지막으로 보여준 7개월 된 남자 아이는 막 잠에서 깨어나 안젤리나 졸리를 보더니 부드럽게 미소를 지었다. 그 미소에 마음이 열린 안젤리나 졸리는 그 아이를 품에 안아보고는 입양을 결정했다. 아이의 이름은 '매덕스 졸리'로 지었다.

아이에 대한 사랑은 그녀를 완전히 바꿔놓았다. 한때 스스로 자신을 파괴하고 반항적인 행동을 일삼았던 그녀가 이제 한번 마음을 먹고 나자 180도 바뀌기 시작했다. 누구도 걷지 않은 길, 스타로서 쉽게 결정할 수 없는 일들을 대범하게 결정하고 앞으로 밀고

나갔다. 그녀는 유모도 없이 직접 아이를 돌보면서 촬영도 감당해냈고, 아이가 자신이 태어난 나라에 대한 사랑을 잃지 않도록 캄보디아에 집을 지어 생활하기도 했으며, 아이가 비행기를 좋아한다는 이유로 조종사 자격증까지 땄다. 그녀는 한 인터뷰에서 이렇게 말했다.

"엄마가 된다는 것은 모든 것을 바꿔놓는 일인 것 같아요. 저도 제가 이렇게 변할 줄 정말 몰랐답니다."

스타가 된 이후에도 세상에 대한 원인 모를 불안과 갈증을 안고 살았던 그녀에게 아이라는 존재는 기쁨과 행복을 가져다주었고, 새로운 삶을 맛보게 해주었다. 자신은 물론 타인의 인생에 대해 책임감을 가져야 한다는 생각도 처음으로 하게 되었다.

엄마가 되면서 안젤리나 졸리의 인생에 달라진 것이 또 하나 생겼다. 자신을 이해하고 지원해주는 파트너, 브래드 피트를 만난 것이다. 두 사람은 함께 영화를 찍은 후 사랑에 빠졌고, 브래드 피트는 그녀에게 배우로서뿐 아니라 인도주의의 가치관을 공유할 수 있는 완벽한 파트너였다. 브래드 피트 또한 안젤리나 졸리를 만난 후 전쟁과 자연재해로 고통 받는 사람들을 돕는 데 적극적으로 나서게 되었다. 브래드 피트는 입양된 아이들까지 모두 친자식처럼 사랑하고 아꼈다.

안젤리나 졸리는 거기에서 멈추지 않았다. 그 이후로 두 명의 아이를 더 입양했고, 브래드 피트 사이에서 아이도 셋이나 낳았다. 할리우드 스타 중 안젤리나 졸리처럼 톱스타가, 그것도 친자식을 낳아가며 여러 명의 아이를 입양하는 일은 처음이었다.

그녀는 이제 연기보다 구호활동에 더 많은 시간을 보내겠다는 다짐까지 하게 되었고, 점점 더 열정적으로 활동을 해나갔다. 자신의 대범한 결정에 따라 전 세계의 힘든 아이들을 돕는 여자로서 이제 그녀는 '핫 마마(Hot Mama)'라는 새로운 별명을 얻게 되었다.

안젤리나 졸리는 비록 아픈 과거와 상처 속에서 많은 사람들에게 손가락질을 받았지만, 배우라는 자신의 꿈 앞에서는 어떤 대범한 시도도 마다하지 않았을 만큼 의지가 강한 여성이었다. 부모님의 명성에 기대어 손쉽게 꿈을 이룰 수 있었을 텐데도 절대 의지하지 않고 소신껏 자신의 뜻대로 밀고 나갔다. 나중에 '난민구호'에 대해 새로운 뜻을 세웠을 때에도 사람들이 수군대는 것과 관계없이 진심을 다해 자신의 뜻을 실행으로 옮겼다.

이제 그녀를 손가락질하는 사람은 아무도 없다. 아니, 오히려 모두들 그녀의 결정과 소신껏 꿈을 향해 나아가는 모습에서 큰 감동을 받는다. 게다가 안젤리나 졸리는 〈포브스〉지가 뽑은 '전 세계에서 가장 영향력 있는 여성'에 오른 몇 안 되는 배우로 손꼽힌다. 자신이 선택한 것에 대해서는 절대 굽히지 않고 대범하게 밀고 나가고, 그 뜻이 이루어질 때까지 진심을 다해 노력하는 안젤리나 졸리의 모습은 많은 여성들의 본보기가 되고 있다.

자신의 일을 스스로 결정하고 소신껏 밀어붙여 꿈을 성취해낸 안젤리나 졸리

스타의 삶은 겉보기에는 화려하지만 실은 정말 고단합니다. 늘 대중의 시선을 의식하며 살아야 하고, 사소한 행동과 말이 모든 사람들의 관심사가 되기도 하니까요. 특히 여배우에게 대중의 시선은 더욱 날카롭고 때론 가혹하기까지 합니다.

안젤리나 졸리는 할리우드의 최고 스타임에도 불구하고 자신의 일과 가정, 사회활동까지 스스로 무게중심을 잃지 않고 감당해내는 몇 안 되는 여배우입니다. 비결은 바로 타인의 시선에 얽매이지 않고 항상 '나 자신'으로 살아온 그녀의 대범함 때문이라고 할 수 있을 것입니다.

그녀는 '여배우란 아름답고 귀엽고 천사 같아야 한다'는 고정관념을 거부하고, 여배우로서 한계를 두려워하거나 변화 앞에 주저하지 않았습니다. 반항적인 행동으로 입방아에 오르내렸던 그녀가 배우로서 그러한 결단을 하지 않았다면 그저 사고뭉치 스타에 그쳤을지도 모르지요. 하지만 자신의 결단과 노력 끝에 결국 최고의 스타가 되었고, 이후 전 세계를 돌아다니며 어려운 아이들을 돕는 일에 앞장서게 되면서 많은 사람들의 시선도 바뀌기 시작했어요. 몸에 오래 밴 습성들은 한 번에 바꾸기가 정말 힘든

Angelina Jolie

것이지만, 안젤리나 졸리는 우선 마음을 먹고 결정한 것은 쉽게 바꾸지 않았어요. 고집스러울 만큼 의지가 강했지요.

이제 많은 사람들이 그녀를 존경하게 되었습니다. 나중에는 입양까지 시도해 여섯 아이를 기르는 엄마로서, 세계평화와 인도주의를 실천하는 활동가로서, 브래드 피트라는 멋진 파트너를 둔 여성으로서, 그리고 최고의 영화배우로서 말입니다.

한 번 결정한 것에 대해서는 절대 굽히지 않는 소신, 그리고 그것을 향해 과감하게 나아가는 대범함. 그것이야말로 지금의 안젤리나 졸리를 만든 힘이자, 현대를 살아가는 여성들에게 가장 필요한 덕목이 아닐까요?

나도 안젤리나 졸리처럼!

"때론 내 마음속 이야기에만 귀를 기울여봐. 가장 중요한 건 바로 나 자신이니까!"

'남들이 나를 어떻게 생각할까?', '남들이 뭐라고 할까?' 이런 걸로 자신의 인생을 판단하거나 결정하는 것처럼 어리석은 일은 없어요. 가장 중요한 건 바로 나 자신이니까요.

사실 사람들의 입방아나 시선은 생각만큼 오래 가지 않습니다. 소문은 나기도 금세지만 사라지는 것도 금세거든요. 사람들은 자기 일이 아니면 쉽게, 막 말합니다. 이제 그런 얘기들에 연연하지 말고 나만의 기준을 세워보세요. 세상에 자신을 길들이지 않고 자신에게 세상을 길들였던 안젤리나 졸리처럼 대범하게 결단하고 앞으로 나아가세요! 자기중심이 확고하지 못한 사람에게 결코 성공은 찾아오지 않는답니다.

4

차분하고 따뜻하게, 하지만 때로는 거침없는 불도저처럼

인내와 양보의 미덕으로 승리를 거머쥔 앙겔라 메르켈

Angela Merkel

"A good compromise is
one where everybody makes a contribution."

훌륭한 타협이란 한 사람도 빠짐없이 참여하게 만드는 것이다.

인내와 끈기가 필요한 너에게

예전에 한번 심하게 다리를 다친 적이 있어. 발목 인대가 끊어지고 뼈까지 깨졌으니 상당히 큰 부상이었지. 무릎 아래까지 깁스를 하고 6주 동안이나 있어야 했단다. 한 달 동안 회사에도 나가질 못했지 뭐야.

평생 아픈 적이라곤 없던 내가 하루 종일 침대에 누워 있으려니 이만 저만 힘든 게 아니었어. 무엇보다 딱딱한 깁스를 24시간 하고 있어야 한다는 게 여간 불편하지 않았지. 밤에 자다가도 몇 번씩이나 깨곤 했으니까. '도대체 6주는 언제 가나…….' 한숨과 신경질이 절로 났단다.

그런데 참 이상하지? 처음 2주는 그렇게 시간이 안 가더니 2주가 좀 지나니까 시간이 빨리 가기 시작하는 거예요. 마지막 2주는 생각보다 너무 빨리 지나가서 놀랄 정도였으니까. 그때 나는 깨달았어. 시간이란 건 내가 어떤 마음을 가지느냐에 따라 천천히 가기도 하고 빨리 가기도 한다는 걸 말야. 처음에 '기다리는 게 지겹다'라고 생각했을 때는 1분 1초가 지루하기만 했지만, 일단 기다려야 한다는 걸 받아들인 순간부터는 견딜 수 있었고, 이렇게 기다리다 보면 깨끗하게 나아서 건강하게 걸을 수 있다고 생각하니 더 이상 그 시간이 지루하지 않았어. 마침내 깁스를 풀었을 때! 그동안의 기다림은 충분히 보상이 되었단다.

'기다린다'는 건 꼭 시간에 대한 의미만 있는 건 아니란다. 살면서 때로 잠시 뒤로 물러서는 것, 남에게 양보하는 것, 무언가를 차분하게 준비하는 것, 모두 기다림의 일종이지. 그래서 기다림은 '인내'와도 같은 거야.

독일 총리 앙겔라 메르켈이라는 사람에 대해 들어보았니? 독일 최초의 여성 총리인데, 이 사람의 일생은 기다림의 연속이었어. 자신이 꼭 하고 싶었던 정치에 몸을 담기까지 35년이라는 세월을 기다려야 했고, 그 이후 총리가 되기까지는 또 15년을 더 기다려야 했지. 하지만 그녀는 불평하지 않고 항상 자신이 충분한 역량을 갖추기를 기다렸고, 사람들이 자신을 인정해주기를 기다렸고, 결국 자신의 뜻을 펼칠 날이 오기를 기다렸어. 출신에 대한 편견, 늦은 나이…… 모든 게 걸림돌이 되었고, 아무도 그녀를 주목하지 않았지만 그녀는 차분히, 하지만 확실하게 한 걸음 한 걸음 내디뎌 갔어. 그리고 빨리 빨리, 앞서 달렸던 모든 이들을 제치고 당당하게 정상에 올랐단다. 오래 기다린 만큼 그 순간은 훨씬 더 값진 것이었어.

모든 일에는 때가 있다고 하지? 난 네가 기다림에 익숙한 사람이 되었으면 좋겠어. 선불리 결과를 보려 하기보다는 한 번 정한 목표를 향해 어떤 어려움이 와도 인내하며 정진하는 사람, 때론 돌아갈 줄도 알고 때론 굽힐 줄도 아는 그런 사람 말이야.

'인내'는 무척 쓴 것이지만 그 결과는 반드시 달고 좋은 열매와도 같단다. 모든 사람들이 포기할 때 마지막에 웃는 진짜 승자가 되어보지 않겠니? 앙겔라 메르켈처럼 말이야.

앙겔라 메르켈 *Angela Dorothea Merkel*
독일 총리, 세계에서 가장 영향력 있는 여성 정치인
—

〈포브스〉지가 뽑은 '세계에서 가장 파워풀한 여성 100인'에 4년 연속 1위를 차지한 여성. 그녀는 독일 정치 역사상 최초의 여성 총리, 최연소 총리로서 '철의 여인'이라는 별명을 가지고 있다. 공산주의 동독에서 자라 평범한 물리학자에서 통일 이후 35세라는 늦은 나이에 정치를 시작해, 15년 만에 가장 뛰어난 리더십을 보여준 여성 리더로서 독일 총리가 된다.
통일 이후 계속된 사회적 갈등과 어려워진 독일 경제를 살려낸 1등 공신으로서, 독일에서는 가장 존경받고 소탈한 여성 정치인, 세계에서는 가장 영향력 있고 카리스마 있는 여성 정치인으로 인정받고 있다.

"뭐든지 빨리, 빨리, 그게 최선은 아니야!"

혼란스러운 환경 속에서도 자신의 가치관을
세워나갔던 지혜로운 소녀

"네가 맡은 일은 언제나 최선을 다해 끝까지 해내겠다는 책임감을 가져야 하고, 어느 위치에 있더라도 자신을 낮출 줄 아는 겸손함을 갖추어라. 그것이 가장 중요하단다."

우리가 잘 알고 있는 독일 최초의 여성 총리 앙겔라 메르켈의 아버지는 어릴 적부터 자녀들에게 이 말을 해주었다. 어린 앙겔라 메르켈이었지만, 항상 아버지의 말씀을 마음 깊이 새기며 작은 일을 하더라도 책임감 있게 해내려고 노력했다.

통일이 되기 전 독일은 서독과 동독으로 갈라져 있었는데, 그 중에서도 동독은 서독에 비해 모든 환경이 열악했고, 통일이 되고 난 이후에도 동독 출신 사람들이 설 자리는 없었다. 어딜 가나 무시를 당했고, 특히 동독 출신의 여성에 대한 편견은 너무 심해서 아무리 열심히 노력해도 다른 사람들보다 인정을 받기가 힘들었다.

앙겔라 메르켈은 서독에서 태어났지만, 목사인 아버지를 따라 동독으로 옮겨오면서 어린 시절을 내내 이곳에서 보내야 했다. 통일이 되기 전 동독 사람들은 대부분 서독으로 탈출을 하려 했지만 그녀의 가족은 달랐다. 분단이 되기 전 아버지는 원래 동독에서 살았고, 공산주의 사회에서 교회가 더 필요하다는 믿음 때문에 동독에 자리를 잡았던 것이다.

국가에서는 앙겔라 메르켈 가족이 동독을 선택했다는 사실을 높이 사 특별대우를 해주었다. 당시 왕래가 거의 불가능했던 서독을 자유롭게 오갈 수 있었고 자동차도 2대나 가지고 있었다. 서독에 있는 친척들이 물건들을 많이 보내와서 당시 동독 사람들은 상상도 할 수 없는 좋은 옷과 물건들을 마음껏 누릴 수 있었다. 하지만 그만큼 그녀의 가족은 국가의 감시대상이 되기도 했다. 목사인 그녀의 아버지와 교사였던 어머니, 그리고 앙겔라 메르켈 또한 늘 작은 행동 하나까지 조심해야 했다. 그러한 감시 감독은 그녀에게도 큰 압박감으로 다가왔다.

어머니는 서독에서 교사로 일했지만 동독에서는 그 일을 계속 할 수 없게 되어 오직 세 남매를 교육시키는 데 열성을 다했다. 학교에서 배우는 수업 외에 필요한 모든 것들은 직접 가르쳤다. 어머니는 늘 헌신과 도덕을 강조했고, 장애인들을 가르쳤던 아버지는 자녀들에게 소명의식을 심어주었다.

앙겔라 메르켈은 동독의 공산주의 학교에서 교육을 받으면서도, 서독에서 신학 공부를 한 아버지의 영향을 받아 어느 한쪽에 치우치지 않는 균형감각을 익힐 수 있었다. 그녀는 겉으로 보면 여느 아이들과 다름없이 학교생활을 하고 사회주의를 주장하는 청년단체에 들어 활동도 했지만, 실은 흔들림 없이 자신의 생각과 가치관을 지켜내고 있었다.

여성이라는 불리함에 성실함과 끈기로 맞서다

그리고 1973년, 앙겔라 메르켈은 라이프치히의 칼 마르크스 대학에 진학을 하게 되었다.

"물리학을 전공하겠다고? 여자가 하기엔 너무 어려운 학문 아니니? 분명 중도에 포기하고 말 거야!"

친구들은 모두 그녀의 선택을 반대했다. 물리학은 과학 중에서도 여학생들이 가장 어려워하는 과목이었고, 그래서 모두들 꺼려 했기 때문이다. 하지만 앙겔라 메르켈은 다른 사람이 어려워하는 것을 더 잘 해내고 싶다는 고집이 있었고, 과학이야말로 정치적인 영향을 훨씬 덜 받을 것이라는 생각에 결코 뜻을 굽히지 않았다.

대학생이 된 앙겔라 메르켈은 주로 남학생들과 어울렸다. 여행을 좋아했고 비틀즈를 들었으며 서방의 록 음악을 따라 불렀다. 러시아어를 잘했던 그녀는 교환학생으로 러시아에서 공부를 하기도 했다. 또한 대학 시절에는 학교를 상대로 투쟁을 벌이기도 했다.

"우리에게 휴식공간을 달라!"

당시 동독에서 학교를 상대로 투쟁을 한다는 것은 상상도 할 수 없는 일이었지만 그녀는 대범하게 맞서 싸웠고, 결국 승리를 거뒀다.

'정치의 힘이란 이런 거구나.'

앙겔라 메르켈은 처음으로 정치의 힘을 경험했지만, 여전히 자신은 평범한 물리학도라는 생각을 하고 있었다. 가장 존경하는 인물 역시 여성 과학자인 '퀴리 부인'이었다. 남들이 뭐라고 하든 그 소리에 아랑곳 않고 과학자가 되겠다는 자신의 꿈만을 향해 묵묵하게 한 걸음씩 디뎌가던 앙겔라 메르켈은, 대학을 졸업하고 과학아카데미에 있는 물리화학중앙연구소에 취직하여 일을 하면서 석사, 박사 학위까지 따냈다. 일을 하면서 공부를 하는 것은 너무나 힘든 과정이었지만, 결코 한눈을 팔거나 주저앉지 않았다.

'이것은 내가 선택한 길이야. 최선을 다해 꿈을 향해 달려갈 거야.'

그녀는 흔들림이 없었고, 결국 최고점을 받으며 논문을 통과했다.

일하는 곳의 연구원들은 대부분 남자였다. 항상 혼자만 여자였지만, 앙겔라 메르켈에게 그것은 어떤 걸림돌도 될 수 없었다. 어릴 적 그랬던 것처럼 그렇게 묵묵하게 자신이 빛날 때를 기다릴 뿐이었다. 여자라고 특별대우를 요구하거나 체력적으로 힘이 든다고 해서 불리하다고 생각하지도 않았다. 오히려 남자들과 늘 무난한 관계를 유지하면서, 자신에게 맡겨진 일은 반드시 최고로 해냈다. 그때부터 성실함과 열성, 그리고 원만한 인간관계는 그녀의 삶에 단단하게 자리 잡았고, 이후 앙겔라 메르켈의 가장 큰 특징이자 장점으로 꼽히는 덕목이 되었다.

물리학도가 정치인이 되겠다고?

과학자의 꿈을 향해 열심히 달려가던 그녀의 앞에 새로운 삶을 알리는 일이 벌어지고 있었다.

1989년 동독을 비롯해 유럽 전체에 혁명의 물결이 몰아쳤다. 모든 나라들이 공산주의에서 벗어나 자본주의로 가게 된 것이다. 동독에서도 자유를 요구하는 시위가 잇달아 일어났고 그 외침은 갈

수록 거세졌다. 그리고 11월 9일, 동서독을 갈라놓았던 베를린 장벽이 무너졌다. 통일이 바로 눈앞에 온 것이었다.

앙겔라 메르켈은 그 모든 현장을 생생하게 볼 수 있었다. 러시아에서 교환학생 때 만난 과학자와 결혼한 후 살았던 신혼집에서 연구소까지 가는 길에는 베를린 장벽이 죽 늘어서 있었다. 아침저녁 우뚝 선 장벽을 보며 많은 생각을 했던 앙겔라 메르켈은 통일을 하는 데 동참하겠다고 마음을 먹었다. 당시 젊은 사람이라면 누구나 이러한 정치, 사회적 변화에 관심을 가질 수밖에 없었지만 그녀는 더욱 그랬다. 동독과 서독의 경계에서 많은 것을 경험하며 억압 속에 살아왔기 때문에 자유와 민주주의, 시장경제가 꼭 필요하다는 생각을 했기 때문이다. 이러한 생각들이 점점 커지면서 그녀는 자신의 내면에 권력을 가지고 싶다는 강한 욕망이 있다는 것을 깨닫게 되었다.

'정치 세계에 발을 들여놓고 싶어.'

자신의 마음을 더는 숨길 수 없었던 그녀는 그것을 실행으로 옮기기 시작했다. 온 세상이 혁명을 향해 소리치던 그해, 앙겔라 메르켈은 연구소에 휴직을 신청하고 동독에 새로 만들어진 민주개혁당에 가입을 했다. 처음에는 광고지를 돌리는 평범한 당원으로 지냈지만, 변변한 인물이 없었던 민주개혁당 안에서 그녀는 금세 눈에 띌 수밖에 없었다. 앙겔라 메르켈은 민주개혁당의 대변인이 되었고 항상 정확한 분석과 효과적인 홍보 전략으로 신뢰와 지지를 얻었다. 비록 외모는 평범한 단발머리에 촌스럽고, 옷차림 또한 늘 초라했지만 정치에 대한 그녀의 의욕과 비전, 실천력 등은 다른 어떤 남자들도 쉽게 흉내 낼 수가 없었다.

"난 연구소로 돌아가지 않겠어. 이렇게 된 이상 정치에 뛰어들어 적극적으로 활동을 해야겠어!"

"지금 상황이 좋지 않아. 특히 이런 때에 여자의 몸으로 정치에 뛰어 든다는 건 너무 무모한 짓이야. 그냥 연구원으로 돌아가 과학자의 길을 걷는 게 어떻겠니?"

"아니, 난 이미 마음을 먹었어. 비록 시간은 오래 걸리겠지만 내가 속한 당을 위해, 또 내 나라를 위해 나의 모든 삶을 바칠 거야. 이제 내가 정말 하고 싶은 게 뭔지 알게 됐으니까."

그녀는 한 번 마음을 먹은 일에 대해선 절대 굽힐 줄을 몰랐다. 그 길이 좀 돌아가는 길이거나 장애가 많아 항상 힘겨운 길이라 하더라도 묵묵하게 이겨나갈 마음의 준비가 되어 있었다.

이제 그녀는 더 이상 평범한 당원으로 만족할 수 없었다. 앙겔라 메르켈은 1990년 이후 치러진 첫 선거에서 당당하게 48.6%의 지지를 받아 하원의원에 당선되었다. 드디어 국민들을 상대하는 정식 의원으로 서게 된 것이다.

평범했던 물리학자 앙겔라 메르켈은 이제 새로운 독일을 꿈꾸는 젊은 정치인이었다. 그녀의 롤 모델은 '퀴리부인'에서 '예카테리나 공주(18세기 후반 독일에서 러시아로 시집을 가 남편의 나라에서 스스로 권력을 잡은 여성 정치인)'로 바뀌었다.

조용히 힘을 모아 때를 기다리고, 결정적일 때 그 힘을 사용하라

"여성·청소년 장관을 맡아주게."

당시 독일 총리였던 '헬무트 콜'은 앙겔라 메르켈을 유난히 마음에 들어 했다. 그가 속해 있는 기민당 전당대회에서 직접 대중들에게 그녀를 소개할 만큼 그녀를 좋게 본 것이다. 그리고 이듬해 그녀를 여성·청소년 장관에 임명했다.

"저는 행정에 대한 경험이 전혀 없습니다. 여성과 청소년 정책에 대해서도 깊이 고민해본 적이 없어 잘 모르고요. 저에겐 너무 버거운 직책인 것 같습니다."

"그렇지 않아. 자네는 탁월한 분석력과 실천력, 그리고 책임감을 가지고 있으니 곧 그 모든 일들을 훌륭히 해낼 거네."

"흠…… 네, 알겠습니다. 지켜봐주신다면 열심히 해보겠습니다."

앙겔라 메르켈은 어쩌면 이것이 기회가 될지도 모른다고 생각하고, 두려움을 접고 마음을 다잡았다.

'절대 물러서지 말자. 이제 정치인으로서의 자질을 본격적으로 시험해볼 때가 왔어. 지방 하원의원이 아닌 중앙 정부에서 내 이름과 능력을 보여줄 절호의 기회야!'

헬무트 콜 총리는 그러한 그녀를 신뢰했고, 당시 가장 어린 여성 장관이었던 그녀를 '마이 걸'이라고 부르며 이끌어주었다. 언론에서는 앙겔라 메르켈을 '헬무트 콜의 딸'이라고 칭하기까지 했다. 하지만 일부에서는 "대체 헬무트 콜은 무슨 생각으로 그녀를 그렇게 두둔하는 거지? 동독 출신의 여성에 어린 나이…… 경험도 별로 없는데 말이야. 이해를 할 수가 없어." 하는 소리들이 나왔고, 많은 사람들이 그녀의 말과 행동에 비아냥거렸다. 하지만 앙겔라 메르켈은 그런 말들에 아랑곳하지 않았다. 오히려 "동독 출신의 젊은 여성이라는 것은 결코 내게 손해가 되지 않을 것이다. 언젠가는 그것이 나를 더 빛나게 해줄 것이다."라고 말하며 꿋꿋하게 버텼다.

시간이 흐르면서 그녀의 정치적인 능력은 빛을 발하기 시작했다. 다른 정치인들은 모두 원칙을 정해놓고 거기에 맞는 사례들을 찾아내어 증명을 해 보이려 했지만, 그녀는 마치 과학 문제를 풀듯이 우선 상황을 관찰하고 그에 맞는 원리와 원칙을 적용하는 식이었다. 그러니 그 결과는 항상 성공적일 수밖에 없었다.

또한 그녀는 어릴 때부터 동독과 서독을 모두 이해해야 하는 상황에서 자랐기 때문에 자연스럽게 양쪽의 모든 생각을 골고루 받아들이고 객관적으로 판단할 수 있었다. 여성의 권리를 되찾는 데 있어서도 동독과 서독의 다른 생각을 잘 합의하게 만들고, 청소년 폭력을 근절하는 캠페인을 벌이는 등 다양한 활동으로 주목을 받았다. 자신의 말처럼 오히려 '동독 출신의 젊은 여성'이라는 점이 유리하게 작용했던 것이다. 게다가 그녀는 항상 수수한 옷차림에 정치인답지 않게 사람들을 대할 때에도 늘 소탈해서 좋은 인상을 주었다.

앙겔라 메르켈은 이제 환경부 장관으로 자리를 옮겼다. 더 이상 그녀의 출신이나 경험 등으로 시비를 거는 사람은 없었다. 그녀는 과학이라는 전공을 살려 자연보호, 핵폐기물과 관련한 정책을 다루는 데 능숙함을 보여주었다.

'이제야 비로소 정치가 무엇인지 알겠어. 정치란 국민을 선동하고 당원을 조직하는 게 아니라 이성적이고 합리적으로 갈등을 잠재우고, 다양한 의견을 모아 타협을 이루어내는 거야. 반대파까지도 설득해서 협력을 끌어내는 게 진정한 정치인의 모습이야. 나도 이제 그러한 정치인이 될 거야!'

그녀는 당장 모든 것을 변화시키겠다는 생각보다도, 더디지만 차분히 올바른 길을 향해 한 걸음씩 디뎌보겠다고 다짐했다. 그렇게 하려면 함께 움직여줄 수 있는 사람들이 필요했고, 앙겔라 메르켈은 한 사람씩 뜻이 맞는 세력들을 모아 자신의 영역을 넓혀가기 시작했다.

그해 10월, 앙겔라 메르켈은 자신이 속한 기민당 사상 처음으로 여성 사무총장에 임명되었다. 그간 보여준 여러 능력과 조직의 살림을 챙기는 솜씨가 두루 인정을 받았던 것이다. 처음부터 그녀를 지지해주었던 헬무트 콜 또한 계속해서 앙겔라 메르켈의 든든한 후견인이 되어주었다. 앙겔라 메르켈은 더 이상 동독 출신의 무명 정치인이 아니었다. 그녀는 이제 무엇을 하든 기민당의 일등공신이 되었고, 그녀가 이끄는 팀은 늘 승승장구했다.

인정과 공정함, 무엇을 선택해야 할까?

이제 그녀의 정치 인생도 순조롭게 흘러가는 듯했다. 하지만 그녀에게 또 한 번의 시련이 닥치고 말았다. 자신의 의지와 전혀 상관없는, 어쩌면 정치 인생에 큰 타격을 입힐지도 모르는 사건이 일어났다. 그녀를 이끌어주던 정치적 아버지인 헬무트 콜의 부정적인 행위가 밝혀지게 된 것이다. 그가 재임시절 기업들로부터 엄청난 정치자금을 받았다는 사실이 공개되었고, 기민당의 신뢰는 바닥까지 추락했다. 그동안 쌓았던 기민당의 실적들이 하루아침에 날아가고, 선거에서도 실패를 면치 못할 판이었다.

'이대로는 안 돼. 아무리 나를 이끌어준 분이라 해도, 부정적인 행위까지 지지해줄 수는 없어!'

그때까지도 '헬무트 콜의 딸'로 불리던 그녀는 이제 헬무트 콜 때문에 오히려 비난을 받게 될 판이었다.

"기부자들의 명단을 밝히시오!"

사람들은 헬무트 콜에게 기부자들의 이름을 밝히라고 했지만 그는 입을 열지 않았다. 더 이상 이 상황을 지켜볼 수만은 없다고 판단한 앙겔라 메르켈은 장문의 기고문을 발표했다.

"물론 나는 여러 부분에서 헬무트 콜을 존경합니다. 하지만 그가 묵인한 사건들이 기민당에 엄청난 피해를 주고 있다는 사실은 부인할 수 없습니다. 제가 개인적인 이유로 이 사태를 덮어두려 한다면, 그것이 오히려 그를 져버리는 일이라 생각합니다. 우리 당은 이제 새로운 출발을 해야 합니다. 계속 그의 잘못을 쉬쉬하기보다는 그 사실을 인정하고 이제 그 없이 기민당을 끌어가야 할 것입니다!"

앙겔라 메르켈의 예기치 못한 행동에 사람들은 모두 놀랐고, 헬무트 콜을 지지하던 사람들은 그녀를 '아버지의 살해자'라고 말하며 강하게 비판했다. 하지만 여론은 앙겔라 메르켈 편이었다. 누구도 헬무트 콜의 잘못에 대해 나서서 말하지 못하는 상황에서, 오히려 그의 딸이라 불리던 앙겔라 메르켈이 나서서 공명정대하게 문제를 제기한 것이다. 이는 자신이 그동안 한 점 부끄러움 없이 정치를 해왔다는 데 대한 자신감과 앞으로도 그러겠다는 것을 보여준 행동이나 다름없었다.

이후 헬무트 콜의 비자금과 관련해서는 추가적으로 더 큰 스캔들이 기다리고 있었고, 더는 안 되겠다고 생각한 그는 직책에서 물러났다. 앙겔라 메르켈은 그런 그를 동정하기보다는 오히려 "개인적으로 그에게 감사한다. 하지만 나는 지금껏 정말 최선을 다해 여기까지 달려왔다. 거저 얻은 것은 하나도 없다고 생각한다."라는 말로 더욱 당당하게 자신의 의사를 밝혔다.

그렇다고 헬무트 콜을 인간적으로 져버린 것은 아니었다. 오히려 독일 통일 10주년을 기념하는 기민당 기념식에 그를 초대해, 통일을 이뤄낸 그의 업적을 기릴 정도로 그녀의 마음씀씀이는 크고 깊었다. 그러한 그녀의 행동에 모두들 다시 한 번 존경심을 가지게 되었다.

이렇게 거침없이, 그리고 정정당당하게 앞을 향해 나아가던 앙겔라 메르켈은 2000년 4월 멋진 연설에 기립박수를 받으며 96% 찬

성률로 기민당 역사상 최초의 여성 당 대표가 되었다. 그녀는 동독 출신에 뒤늦게 정치에 입문했고, 이혼까지 한 여성이었다. 하지만 그런 그녀의 출신이나 조건 따위는 이제 아무런 문제가 되지 않았다. 남들보다 훨씬 어렵게 돌아가야만 하는 길이었지만 그녀는 주저함이 없었고, 조금의 흔들림도 없었다. 이제 어떠한 시련도 그녀 앞을 가로막을 수는 없었다.

'양보'도 인내다! 성공하려면 양보할 줄도 알아야 한다

"동독의 촌닭은 물러가라!"

세련되지 못한 외모, 동독 출신의 여자라는 것은 그녀가 정치에 처음 발을 들여놓았을 때부터 따라다니며 괴롭히던 말이었다. 언론에서는 늘 그녀의 외모나 출신으로 인신공격을 했지만, 그녀는 그 어떤 말에도 반응하지 않았다. 오직 정치적 신념과 능력만으로 승부하겠다는 강한 의지가 있었고, 그 의지는 점점 사람들에게도 인정을 받기 시작했다. 그리고 결국 독일인들은 '참신하고 깨끗한 정치인' 앙겔라 메르켈을 환영하기 시작했다.

2002년, 독일에서는 총리를 뽑는 선거가 열렸다. 앙겔라 메르켈은 '게르하르트 슈뢰더 총리'에 맞설 만한 강력한 후보였지만 기민당과 자매정당인 기사당에서는 그녀를 별로 달가워하지 않았다.

"그래, 이번에는 기사당 대표인 에드문트 스토이버에게 양보하자. 아직은 때가 아니야. 내가 정말 원하는 것을 이루기 위해서는 언제, 어떻게 움직여야 하는지, 또 내가 직접 나서야 할 때와 아닌 때를 구별할 줄 알아야 해. 만약 에드문트가 승리한다면 기사당과 기민당이 더 화합할 수 있을 거고 내가 양보한 것이 빛을 발하게 될 거야. 만약 그가 패배한다 해도 나의 인기나 영향력은 저절로 올라갈 거야. 잠깐 허리를 굽히고 몇 년을 기다린다는 것 외엔 불리할 게 없어. 기다리자. 그게 내가 가장 잘하는 일이니까!"

에드문트 스토이버는 여론조사와 달리 간발의 차이로 패배하고 말았다. 그러자 그는 다음 후보로 앙겔라 메르켈을 적극 추천했고, 그녀는 자연스럽게 투표 없이 만장일치로 총리 후보가 되었다. 그녀는 이제 독일 최고의 지도자로서 큰 한 발을 내딛은 셈이었다.

"우리는 앙겔라 메르켈의 진실 된 정치를 지지합니다!"

앙겔라 메르켈은 총리 후보가 되자 다시 한 번 '대중을 생각하는 정치인'의 모습을 드러내기 시작했다. 그녀는 독일 전국을 돌아다니며 수많은 국민들을 직접 만났고, 그 방식과 태도 또한 전혀 억지스럽지 않고 오히려 편안하고 따뜻했다. 이제까지 철저하게 비밀로 덮어왔던 사생활이나 어린 시절에 대한 이야기도 공개하기 시작했다. 외모 또한 점점 더 세련되어져갔다. 앙겔라 메르켈은 다시 한 번 거듭나고 있었다.

그리고 드디어 그녀는 선거와 3주 간의 긴 협상 끝에 2005년 독일 총리에 취임하게 되었다. 정치에 입문한 지 꼭 15년 만이었다. 긴 기다림의 시간이었지만, 그것은 훨씬 더 밝은 빛으로 그녀를 빛내고 있었다.

그녀는 독일 역사상 최초의 여성 총리, 2차 세계대전 이후 최연소 총리, 자연과학을 전공한 사람으로서 최초의 총리였다. 양보와 기다림, 인내를 통한 긴긴 싸움 끝에 그녀는 '최초'라는 이름을 가장 많이 단 여성 정치인이 된 것이다.

우여곡절 끝에 총리가 되었지만, 시작은 그리 호락호락하지 않았다. 저마다 다른 정치적인 사상, 철학이 다른 세 개의 정당을 연합해서 총리가 되었으니 그 모든 의견을 한데 모아 협의하는 과정은 한 건 한 건 그야말로 가시밭길이었다.

특히 2005년 앙겔라 메르켈이 독일 최초의 여성 총리가 되었을 때 독일은 '통일 후유증'을 앓고 있었고, 경제적으로도 너무나 어려운 상황이었다. 서독은 "우리가 왜 가난한 동독을 먹여 살리는 데 돈을 써야 하는가!" 하며 불만을 토로하고 있었고, 동독은 "왜 우리는 서독에 비해서 이렇게 가난하게 살아야 하는가! 통일이 되었으니 우리도 공평하게 잘 살게 해 달라!"고 주장하고 있었다. 통일만 하면 유럽 최대의 강국이 될 줄 알았지만 그 모든 예상은 빗나갔고, 많은 사람들이 일자리가 없어 먹고 사는 문제로 고통 받고 있었다.

앙겔라 메르켈은 총리가 되기 전부터 독일의 경제 사회 시스템을 바꿔야 한다고 강조했다. 특히 그녀는 독일의 노동법을 바꿔야 한다고 주장했다. 정리해고 요건을 6개월에서 2년으로 늘리고, 법인세율도 대폭 낮추었다. 기업의 경쟁력이 높아야 나라가 부강해진다는 것이 그녀의 입장이었다. 세금을 올리고 실업을 줄이는 것도 큰 과제였다.

그녀는 그 전의 총리와는 반대로 미국과 우호적인 관계를 유지하려고 애썼다. 많은 사람들이 그녀의 생각에 반대했고 어떤 이는 비난을 퍼부었지만, 그녀는 조금도 흔들리지 않았다. 지금까지는 견해가 다른 조직들을 다독이며 타협을 끌어냈다면, 이제는 단호함을 보여주어야 할 때였다.

"저는 이제 독일의 경제를 살아나게 하기 위해 나라의 살림살이를 최대한 간소화할 것입니다. 또한 부가세와 고소득자의 세금을 늘려 국가의 재정을 탄탄하게 할 것입니다."

그녀의 결단은 서서히 긍정적인 결과를 가져오기 시작했다. 12%였던 실업률이 9%로 떨어졌고, 경제성장률은 1%에서 2~3%로 올랐다. 수출은 2005~2006년 연속 세계 1위를 차지했다. 독일은 살아나고 있었다!

그녀는 외교 정치에서도 탁월한 설득력으로 타협을 이끌어내었고, 때로는 강한 결단력으로 리더로서의 카리스마를 보여주었다. 그녀는 절대 넘을 수 없을 것 같았던 높은 산들을 하나씩 하나씩 넘었고, 이제 사람들은 그녀를 '철의 여인'이라고 불렀다.

"정치인들이 가만히 의자에 앉아 있어서는 안 됩니다. 발로 뛰고 나서서 일하는 것, 그것이 바로 정치인이 국민에게 보여주어야 할 진정한 모습입니다!"

이러한 그녀의 신념은 많은 독일인들의 지지를 얻었다. 앙겔라 메르켈은 국내뿐 아니라 세계에서도 믿을 만한 파트너로 존경을 받았고, 다음 선거에서도 자연스럽게 승리를 거머쥐었다. 2013년 선거에서는 3회 연임에 도전한다.

이제 그녀는 세계를 대표하는 여성 리더다. 2006년부터 2009년까지, 앙겔라 메르켈은 〈포브스〉지가 선정한 '세계에서 가장 영향력 있는 여성 100인'에 4년 연속 1위로 뽑혔고, 2011년에도 다시 선정되었을 만큼 그 탁월한 리더십은 인정을 받았다.

앙겔라 메르켈은 돌아가는 것, 참고 기다리는 것, 양보하는 것⋯⋯ 대부분의 사람들이 가장 하기 싫어하는 것을 자신의 장점으로 만들어, 진정한 인내가 가장 달고 귀한 열매를 가져다준다는 것을 몸으로 보여준 여성이다.

인내의 열매가 얼마나 달고 귀한지를 보여준
앙겔라 메르켈

만일 베를린 장벽이 무너졌을 때, 30대 중반이었던 앙겔라 메르켈이 자기 마음속에 있던 '정치인'이라는 꿈을 포기했다면 어떻게 되었을까요? 지금쯤 그녀는 평범한 물리학자로 살고 있지는 않았을까요?

그녀가 독일 최초의 여성 총리가 되리라는 것은 누구도 생각하지 못한 일이었습니다. 서독 출신의 부모에게서 태어났지만, 공산주의인 동독에서 성장했던 그녀는 많은 압박을 당하며 살 수밖에 없었습니다. 여자라는 점, 과학을 전공했다는 점에 있어서도 정치계에서 그리 환영받지 못했지요. 오히려 그것은 최악의 조건이었어요.

하지만 그녀는 항상 묵묵히 자신의 일에 최선을 다했습니다. 그녀는 '기다릴 줄 아는 사람', '양보할 줄 아는 사람'으로서 성실함과 책임감을 보여주었습니다. 말없이 자신이 주장하는 바를 소신 있게 밀어붙였고, 남들보다 늦은 듯 보였지만 뒤돌아보면 저만치 앞서 있곤 했어요.

또한 어떤 상황에서도 그녀는 옳지 못한 일에는 손을 들지 않았습니다. 다른 사람이었다면 주저했을 일 앞에서도 과감하게 결단할 줄 알았고, 옳다

Angela Dorothea Merkel

고 판단한 일에 대해서는 그것이 어떤 가시밭길이라 해도 상처를 두려워하지 않고 앞으로 나아갔습니다. 모두들 그녀에게 '미련한 사람'이라고 말하고 손가락질해도 전혀 아랑곳하지 않았습니다.

이제 누구도 그녀의 단점을 드러내거나 비난하지 않습니다. 그녀는 자신의 삶을 통해 양보하고 기다리는 일, 즉 인내의 열매가 얼마나 달고 귀한지를 보여주었으니까요.

나도 앙겔라 메르켈처럼!

"지금은 손해 보는 것 같지만,
 결국 그게 더 큰 열매를 얻기 위한 거야!"

조금만 기다리면 더 큰 이익이 온다는 걸 알면서도, 그 기다림이 너무 지루해 모든 것을 잃어본 적은 없나요? 혹은 참고 견디는 게 힘들어서 바로 포기해버린 적은 없나요? 모든 일은 플러스와 마이너스로 이루어져 있답니다. 즉 잃는 게 있다면 그만큼 얻는 것도 있다는 말이에요.

지금 당장은 힘들고 어렵지만, 그것을 참고 이겨내면 반드시 더 큰 결과가 나를 기다리고 있어요. 그 경험을 해보지 못한 사람은 진정한 승리가 무엇인지 결코 알 수 없죠. 진짜 현명함이란 적게 내어주고 많이 얻는 법을 깨닫는 것이랍니다. 진정한 인내의 열매가 무엇인지 보여주었던 앙겔라 메르켈처럼요!

5

가장 럭셔리한 것은 가장 실용적인 것이다

**부단한 노력 끝에 얻은 빛나는 창의력으로
세계적인 디자이너가 된 코코 샤넬**

Gabrielle Bonheur 'Coco' Chanel

"In order to be irreplaceable one must
always be different."

누구도 대신할 수 없는 존재가 되려면, 항상 남달라야 한다.

'나만의 개성'을 갖고 싶어 하는 너에게

　기자라는 직업의 가장 좋은 점이 뭔지 아니? 물론 여러 가지가 있겠지만, 그 중에서도 '늘 새로운 것을 볼 수 있다'는 점이야. '뉴스(News)'란 곧 '새롭다'라는 뜻이잖아. 사람이든, 사건이든, 세상 흐름이든, 기자는 누구보다 빨리 그것을 알고 잡아내야 하는 직업이란다.

　난 기자로 일하면서 수많은 새로운 사실들을 접할 수 있었어요. 그런데 '새롭다'는 것에도 여러 의미가 있어. 원래 있던 것을 완전히 뒤집어 새롭게 만드는 것, 아무것도 없던 것에서 새로운 무언가를 만들어내는 것. 이것을 '창의력'이라고 하거든. 남들이 모두 똑같이 바라보고 생각하는 것을 나의 관점으로 다르게 바라보고 읽어낼 수 있다는 것은 참으로 어렵고도 놀라운 능력인 것 같아. 물론 그것은 타고나기도 하지만 오랜 연습과 훈련을 통해 만들어지기도 한단다.

　오늘 여러분에게 아주 흥미로운 이야기를 들려주려고 해. 바로 여자들이 제일 좋아하는 디자이너 '코코 샤넬'에 대한 이야기야. 그녀는 1883년, 우리가 태어나기도 한참 전에 살았던 디자이너인데 당시에는 여자들이 엄청 거추장스러운 옷을 입고 다녔어. 그런데 샤넬은 그것을 뒤집고 창의력을 발휘해서 '여자도 간편하고 편한 옷을 입을 수 있다'는 것을 보여주었지. 당시엔 생각도 못했던 짧은 치마, 남자들만 입던 바지에 여자 옷에는 전혀 사용하지 않았던 블랙 컬러도 사용했어. 코르셋과 머리를 짓누르던 커다란 모자도 모두 벗어던지게 했고, 지금까지도 많은 여성들이 그녀가 만든 옷들을 좋아하는 걸 보면 얼마나 대단한지 알 수 있겠지?

창의력, 즉 무엇을 보든 남다르게 보는 눈은 단번에 길러지는 것은 아니란다. 코코 샤넬 또한 너무나 불우했던 어린 시절을 극복하고 겨우 패션계에 들어와 남들보다 훨씬 불리한 조건에서 시작했어. 하지만 늘 호기심이 가득했고, 자신이 한 번 정한 목표는 무슨 일이 있어도 달성해내는 열정적인 모습을 보였어. 그렇게 늘 고민하고 생각하다 보니 새로운 아이디어가 생겨났고, 남들이 당연하다고 생각하는 것에도 거침없이 질문을 던지곤 했지. 스스로 창의력을 길러나간 셈이야.

이러한 창의력은 옷을 만드는 데뿐 아니라 공부를 할 때에도, 나중에 일을 할 때에도 반드시 필요한 것이라고 생각해. 그리고 그것은 타고난 것이라기보다 작은 노력들이 쌓여 생겨나는 것이고 말이야.

가끔 일이 잘 풀리지 않을 때, 나름 열심히 하는데도 기대에 못 미치는 결과가 나왔을 때, 이제까지 해온 방식을 하나하나 뒤집어 생각해봐. 그러면 자신도 모르게 '번쩍' 하고 기발한 아이디어가 떠오를 수도 있을 테니까.

자, 이제 창의력으로 똘똘 뭉쳤던 멋진 여성 코코 샤넬에 대한 이야기를 살펴볼까?

코코샤넬 *Gabrielle Bonheur 'Coco' Chanel*

명품브랜드 '샤넬'을 만든 20세기 최고의 패션 디자이너

블랙 드레스, 트위드 재킷, 퀼트 백, 향수 '샤넬 넘버 5' 등 지금도 통하는 최고의 작품을 만들어낸 세계에서 가장 명망 있는 디자이너. 그녀는 1883년 8월 19일 프랑스에서, 시장 노점상인 아버지와 남의 빨래를 해주는 세탁부 어머니 사이에서 태어났다. 가난함을 이기지 못해 고아원에서 자라났지만 디자인에 대한 열정으로 세계적인 패션 디자이너가 된다. 자신의 이름을 딴 모자 가게로 패션 디자인을 시작, 심플한 모자와 카디건, 짧은 치마 등을 만들어 거추장스런 옷차림으로부터 여성을 해방시킨 장본인이다. 여자의 옷에는 절대 사용하지 않았던 '블랙'을 도입한 혁명적인 디자이너로도 알려져 있다.

"고정관념을 깨고 뒤집어 생각하라!" 대상을 바라보는 남다른 시각으로 누구도 흉내 낼 수 없는 자신만의 브랜드를 만들어낸 여성. 현재까지도 세계에서 가장 유명한 디자이너로 손꼽히며 모든 여성 디자이너들의 롤 모델이 되고 있다.

> "새롭게, 남들과 다르게…… 창의성은
> 끊임없는 노력 속에서 탄생한다!"

명품 디자이너 샤넬은 고아였다

'명품 브랜드' 하면 가장 먼저 떠오르는 '샤넬'. 이 브랜드를 만든 사람은 다름 아닌 '코코 샤넬'이라는 세계적인 패션 디자이너다. 샤넬은 여성들이 가장 선호하는 명품 브랜드로 각광 받지만, 사실 이 브랜드를 만든 샤넬은 어린 시절 가난한 도시의 하층민에 지나지 않았다.

그녀는 1883년 8월 19일 프랑스에서, 시장 노점상인 아버지와 남의 빨래를 해주는 세탁부 어머니 사이에서 태어났다. 가난한 도시, 가장 가난한 계층, 게다가 위로 언니 한 명과 아래로 동생 셋이

더 있었을 정도로 아이들까지 많아 삶은 궁핍하기만 했다. 부모의 관심은 오직 '오늘은 뭘 해서 어떻게 먹고 살지?'에만 쏠려 있었고, 샤넬 또한 '패션'과는 거리가 먼 하루 벌어 하루 먹고 살기에도 급급한 삶을 살아야만 했다. 심지어 샤넬이 태어났을 때 글자를 읽고 쓸 줄조차 몰랐던 부모는 샤넬을 'Chanel'이 아니라 'Chasnel'로 잘못 기록했을 만큼 교육 수준도 낮았다.

이것이 끝이 아니었다. 코코 샤넬이 열두 살 때 어머니는 결핵으로 세상을 떠났고, 아버지는 이런 삶을 견디다 못해 집을 나가버리고 말았다. 이제 덩그러니, 부모도 없이 남겨진 코코 샤넬과 남매들은 고아원으로 보내졌고 그곳에서 6년을 살았다.

수녀들이 운영하는 고아원은 한겨울에도 난방이 안 되어 늘 추위에 떨어야 했다. 먹을 것은 형편없었으며, 옷은 늘 검은색과 흰색으로 된 헝겊 조각들을 번갈아가며 걸쳐야만 했다. 코코 샤넬은 한창 감수성이 예민해지는 사춘기 시절을 이러한 고아원에서 보냈다. 모든 게 너무 받아들이고 싶지 않을 만큼 고통스럽기만 했지만 그녀는 여기, 이 고아원에서 자신의 삶을 그냥 보내버리고 싶지는 않았다.

'여기서 주저앉는다면 난 그저 고아원 출신의 불쌍한 여자밖에 되지 않을 거야. 힘을 내자. 도와주는 사람이 없더라도 꿈은 스스로 가질 수 있는 거잖아.'

코코 샤넬은 자신의 현실이 너무 비참했지만 그렇다고 현실을 포기하고 불평하기보다는 우선 자신이 가장 잘할 수 있는 게 무엇인지 찾고, 그것을 발견하기 위해 노력했다.

고아원에서 다른 것들을 배울 형편은 안 되었지만, 단 하나, 수녀들에게서 재봉 기술을 배울 수는 있었다. 그리고 여름 방학이 되면 루이즈 고모를 찾아가 바느질을 배웠다. 바느질에 능숙했던 루이즈 고모는 조카에게 손수건, 냅킨, 침대보 등을 만들고 수를 놓는 법을 가르쳐주었다. 당시에는 10대 중반이면 대부분 결혼을 했기 때문에 미리 이런 것들을 익혀두어야 한다는 뜻에서였다. 코코 샤넬은 자신이 만든 손수건에 이름과 성의 첫 글자를 따서 G(Gabriel)와 C(Chanel)를 수놓곤 했다.

코코 샤넬은 열심히 바느질을 배우긴 했지만 실력이 그리 뛰어나지는 못했다. 하지만 어떤 옷을 어떻게 만들어야 할지, 어디를 고치면 어떤 모양이 나오는지는 금세 이해했다. 고아원 생활은 가난과 답답함의 그늘 아래에서 힘들기만 했지만 코코 샤넬은 바느질로 옷을 만드는 과정을 통해 조금씩 자신이 좋아하는 것, 잘하는 것이 무엇인지를 발견해나갔다.

하지만 그녀는 18세 때 고아원을 나오면서 새로운 삶을 찾아야 했다. 당장 먹고 살 방법을 구해야 했지만 할 줄 아는 것이라곤 고아원에서 배운 바느질이 전부였고, 가진 것이라곤 몸뚱어리밖에 없었다. 막막하기만 했던 그녀는 우선 밤무대에서 가수를 하자고 마음을 먹었다. 하지만 그것도 쉽지만은 않았다. 가수에 소질이 없다고 생각하고 다른 일을 찾아보려고 했을 때, 마침 그녀를 지켜보고 있던 한 귀족이 사랑을 고백했고, 코코 샤넬은 그와 연인이 된다.

코코 샤넬은 부유한 연인 덕분에 풍요로운 삶을 누리게 되었다. 그는 그녀에게 좋은 옷과 보석을 선물했지만 그녀는 결코 다른 귀족 여자들을 똑같이 따라 하고 싶지는 않았다.
'뭔가 나만의 개성을 드러낼 수 있는 방법이 없을까?'
고민 끝에 코코 샤넬은 상류층 여성들과는 색다른 옷으로 자신의 존재감을 드러내자고 결심했다. 그리고 당시 있는 여자들이 하고 다니던 거추장스러운 차림과는 반대로 고아원 시절 입었던 차림을 그대로 응용해 아주 간소한 모자에, 수녀들이 입었던 검은색 치마와 하얀 블라우스 차림을 즐겼다. 심지어 승마를 배운 뒤로는 남자들만 입는 것으로 여겨졌던 승마 바지를 입고 공개 석상에 나타나기도 했다. 여성의 필수품인 장식은 거의 없거나 많아야 한두 가지 정도였다.

덕분에 코코 샤넬은 어딜 가나 눈에 띄었고 쉽게 입방아에 올랐다. 하지만 그녀는 오히려 그것을 즐겼다. 그녀는 후일 "가장 용감한 행동은 자기 자신에 대해 생각하고 그것을 크게 외치는 것이다."
라고 말했다. 그녀는 자신에게 어울리는 스타일을 만들어가는 과정에서 미래 샤넬 패션의 비전을 찾아냈다. 바로 '심플함'이었다.

남다른 시각, 새로운 디자인으로 여성들의 마음을 사로잡다

이 무렵부터 코코 샤넬은 모자를 만들기 시작했다. 처음에는 취미 삼아 한 일이었지만 하면 할수록 빠져 들었다. 단순히 자신이 쓸 모자를 만든다는 것뿐 아니라, 남들이 쓰지 않는 모자, 세상에 하나밖에 없는 모자를 직접 창조한다는 사실이 무엇보다 즐겁고 뿌듯했다. 자신이 만든 모자는 스스로 보기에도 썩 괜찮았다. 코코 샤넬은 처음으로 자신을 몽땅 바치고 싶은 열정이 샘솟았다. 드디어 하고 싶고, 잘할 수 있는 일을 찾은 것이었다! 남들이 하지 못하는 것을 할 때, 자신이 가장 잘하는 것을 할 때 그 사람이 가장 돋보인다는 것을, 코코 샤넬은 그제야 깨달았다.

파리로 떠난 샤넬은 몇 년이 지난 후 자신의 이름을 따 '샤넬 모드'라는 모자 부티크를 차렸다. 코코 샤넬이 만든 모자는 작고 심플했다. 그저 머리에 쓰기만 하면 되었고 장식은 깃털이나 꽃, 혹은 작은 리본 하나 정도였다. 당시 여성들이 쓰던 모자는 엄청나게 커서 머리를 짓누를 만큼 무거웠고, 혼자서 쓰고 벗을 수 없을 만큼 거대한 장식들을 달았다. 불편하기 짝이 없었지만 누구도 감히 작은 모자를 만들 생각을 하지 못했다. 하지만 예전부터 작고 간소한 모자를 즐겨 썼던 코코 샤넬은 과감하게 작은 모자를 세상에 내놓았다.

코코 샤넬의 모자는 오래지 않아 파리 상류층으로부터 큰 호응을 얻었다. 처음에는 '저게 뭐지?' 하는 눈빛으로 샤넬의 모자를 바라보던 여성들도, 하나 둘 작은 모자의 편리함과 심플함에 빠져 들었다. 일단 유행이 되자 많은 여성들이 앞 다투어 작은 모자를 찾았다. 코코 샤넬 덕분에 여자들은 처음으로 '크고 무거운 모자'에서 해방이 된 셈이었다.

자신의 패션 감각에 자신을 얻은 코코 샤넬은, 프랑스의 부유층이 즐겨 찾는 휴양도시인 '도빌'에 두 번째 부티크를 냈다. 이번에는 모자뿐 아니라 휴양지에서 여가를 즐기거나 스포츠를 할 때 입을 만한 가볍고 캐주얼한 옷을 선보일 생각이었다.

'왜 휴양지에서까지 저 거추장스러운 길고 풍성한 드레스와 허리를 졸라맨 코르셋을 벗어 던지지 못하는 거지? 활동하기 편하면서도 격을 떨어뜨리지 않는 우아한 옷을 얼마든지 입을 수 있잖아!'

코코 샤넬이 주목한 것은 '저지(Jersey, 가볍고 신축성이 있는 메리야스 직물)'라는 소재의 옷감이었다. 저지는 부드럽고 신축성이 좋아서 당시 남자들의 속옷에 주로 쓰이던 값싼 소재였다. 여성복, 그것도 겉옷으로 만들 생각은 절대 할 수 없는 소재였다. 하지만 코코 샤넬은 그 저지를 이용해서 활동하기 편한 길이의 치마와 남성 재킷을 본 딴 상의를 만들었다. 마치 옷을 안 입은 듯 편하면서도 결코 우아함을 잃지 않는 절묘한 옷들이었다.

"럭셔리한 것은 편안해야 한다. 그렇지 않다면 럭셔리한 것이 아니다."

이것이 코코 샤넬의 지론이었다. 그녀가 만들어내는 옷은 많은 사람들의 예상을 뒤집는 전혀 다른 스타일의 옷이었다.

저지 소재로 만든 옷뿐 아니라, 그 외 새로운 아이템들도 속속 출시됐다. 코코 샤넬은 여성들에게 꼭 필요한 아이템을 찾는 데 귀재였다. 앞을 여미고 벨트로 묶는 카디건은 당시 그야말로 인기 폭발이었다. 이 옷은 코코 샤넬이 폴로 경기를 구경하다 순간적으로 영감을 얻어 만들게 된 것이었다. 그녀는 폴로 경기를 보다 차가운 바람에 한기를 느끼고, 함께 간 옆자리 남성에게 목까지 올라오는 스웨터를 빌려 입게 되었다. 하지만 풀오버 스웨터를 머리부터 뒤집어쓰자니 여간 불편한 것이 아니었다. 집으로 돌아온 샤넬은 잠깐 고민하더니 스웨터의 가운데를 쓱쓱 자르기 시작했다. 목 부분부터 밑단까지 정확하게 반을 가른 다음 벨트로 묶었다. 그러자 한결

편하면서도 맵시 있는 옷이 된 것이다.

그녀의 패션스타일은 용감하다 못해 무모했다. 하지만 그녀가 "일단 사람들이 입어보면 분명 좋아하게 될 거야."라고 말하면, 반드시 그 옷은 인기가 있었다. 무엇보다 자신에게 필요해서 만든 옷들이었고, 기존 틀에 얽매이지 않는 독특한 옷을 만드는 것은 그녀의 변하지 않는 목표이기도 했다. 이렇게 창의적으로 만들어진 옷들은 모자보다 훨씬 더 좋은 반응을 얻었다.

이제 코코 샤넬은 모자보다 옷 만들기에 더 빠져들었다. 옷은 모자에 비해 활용할 곳도 많았고, 사람들 반응도 훨씬 적극적이었다. 마침 1914년 1차 세계대전이 터지자, 여자들도 더 이상 집 안에만 머물 수 없게 되었다. 저지 재킷이나 니트 스커트, 작은 모자 등 코코 샤넬의 옷은 바깥 활동을 해야 하는 여성들에게 꼭 필요한 것이 되었다.

코코 샤넬은 1915년, 스페인과 인접한 휴양지 '비아리츠'에 세 번째 부티크를 차렸다. 스페인 부유층들 역시 샤넬의 캐주얼 의상을 좋아했다. 유럽 대륙에서는 1차 대전이 한창이었지만 프랑스 남서부에 있는 비아리츠는 큰 영향을 받지 않았고, 파리의 디자이너들조차 힘들어 하던 전쟁 기간 동안 샤넬 부티크는 오히려 성장을 거듭했다.

단 하나를 만들어도 새롭고 멋지게, 마음에 들 때까지

코코 샤넬은 두 번째, 세 번째 부티크의 성공을 발판으로 이제 옷을 만드는 데 더욱 주력하게 되었다. 휴양지에서뿐 아니라 파리의 일상에서도 편안하면서 럭셔리한 옷, 심플하면서도 우아한 자신의 스타일로 여성의 패션을 싹 바꿔놓을 작정이었다.

'세상이 달라지고 있어. 미래에는 더 많은 여성들이 활발하게 자기 활동을 하게 될 거야. 더 당당하게 말이야. 그러려면 당연히 활동적인 옷, 그러면서도 자신을 드러낼 수 있는 아름다운 옷이 필요해!'

코코 샤넬은 다가오는 미래 여성을 위한 획기적인 옷을 디자인해나가기 시작했다.

몇 년 후 코코 샤넬은 훨씬 넓은 매장으로 부티크를 옮겼다. 그녀가 처음으로 시도했던 저지는 이미 여성 패션의 대세였다. 코코 샤넬은 저지를 더욱 다양한 방식으로 활용했고, 블랙과 화이트, 베이지와 그레이, 네이비 등을 메인 컬러로 시즌마다 새로운 컬렉션을 선보였다. 직원은 3천 명을 넘어섰다.

이 무렵 완성된 샤넬 스타일은 일명 '가르송 룩'으로 불렸다. 가르송은 '남자 아이'라는 뜻으로 마치 남자 아이들처럼 마음 놓고 움직일 수 있는 옷이란 뜻에서 붙여졌다. 코코 샤넬은 땅에 끌리던 긴 드레스를 무릎 위까지 끌어 올리고, 대신 허리선을 실제 허리 아래로 내린 이른바 '샤넬 라인' 스커트로 선풍적인 인기를 얻었다. 이미 코코 샤넬 자신도 여성의 상징이었던 치렁치렁한 머리를 턱 선 위까지 짧게 쳐 올려 스스로 가르송 스타일을 실현하고 있었다.

  1921년 선보인 향수 '샤넬 넘버 5'는 코코 샤넬 신화의 본격적인 시작을 알리는 사건이었다. 향수가 없으면 세계적인 패션 하우스가 될 수 없다는 지인의 말을 듣고 향수에 관심을 갖게 된 코코 샤넬은 의외로 냄새에 대해서도 천부적인 감각을 가지고 있었다. 러시아 황제의 조향사 '에르네스트 보'에게 향수 제조를 맡긴 코코 샤넬은 당시 향수의 주류였던 특정한 꽃향기가 아니라 인공적이면서도 독특한 향을 원했다. 향수조차도 고정관념을 깨고 싶었던 것이다.

  에르네스트 보가 만든 샘플 중 코코 샤넬이 최종적으로 선택한 것은 5번이었다. 재스민에 80가지 향기가 섞인 향수였는데, 5번 향수를 선택했다 해서 이름도 그냥 '넘버 5'로 정했다. 이제까지 나왔던 흔한 꽃향기와는 전혀 다른 '샤넬 넘버 5'는 약병처럼 보일 정도로 꾸밈없는 병에 담겨 있었지만 그것을 뿌리는 여성을 더할 나위 없이 아름답게 꾸며주는 마법을 발휘했다.

  이는 이전까지 상류층만을 대상으로 했던 샤넬의 위력이 모든 여성으로 확대되는 순간이기도 했다. 향수 한 병 정도는 누구나 쉽게 살 수 있었고, 여성들은 그것으로 샤넬의 이미지를 가질 수 있다면 더할 나위가 없다고 생각했다.

 비슷한 시기에 코코 샤넬은 액세서리에도 손을 댔다. 하지만 값비싼 소재로 만든 것이 아니었다. 진짜가 아닌 인조 보석으로 만든 패션 액세서리였다. 이는 진짜 보석만이 가치 있다고 생각하는 상류계급을 비웃기라도 하는 듯 불티나게 팔려나갔다.

 그녀는 "인조이지만 세련되고 아름다운 보석은, 사치가 판을 치는 이 시대에서 허세를 피하게 해준다."라고 주장하며 모조 보석을 선호했다. 이것은 향수 이후로 또 한 번 세상의 반향을 불러 일으켰고, 패션계를 떠들썩하게 했다. 여러 번 겹친 인조 진주 목걸이는 당시 귀족층에게는 그야말로 파격적인 아이템이었지만, 이것은 샤넬 패션의 또 다른 아이콘이 되어버렸다.

 "단 하나를 만들어도 새롭고 멋지게, 마음에 들 때까지 만든다!" 이것은 샤넬이 디자이너로 활동하는 평생 동안 한 번도 놓지 않은 다짐이었다. 모자, 저지로 만든 옷들, 향수와 보석…… 이 모든 것들이 성공할 수 있었던 이유도 바로 그것 때문이었다. 독특하면서도 항상 뒤집어서 생각하는 자신의 감각을 세상과 타협하지 않고 늘 새롭게, 또 새롭게 완성시켜나갔던 것이다. 이러한 코코 샤넬의 창의력은 '블랙 미니 드레스'라는 아이템으로 다시 한 번 파리의 패션계를 뒤흔들었다.

하층민들이나 입던 검은색을 첨단의 패션으로 승화시킨 코코 샤넬의 대담함은 세상을 놀라게 했고, 그녀의 새로운 패션을 기다리던 여성들의 마음을 단번에 사로잡았다. 그때까지 풍성한 롱 드레스를 고집하던 당대 최고의 디자이너 '폴 푸아레'는 코코 샤넬과 정반대의 처지가 되고 말았다.

어느 날 코코 샤넬은 폴 푸아레와 길에서 딱 마주쳤다. 칼라와 소매 부분에 화이트가 덧대어진 블랙 미니 드레스를 입고 있는 코코 샤넬을 본 폴 푸아레는 비꼬듯이 말했다.

"애도를 표해야 할 사람이라도 있나 보죠?"

그러자 코코 샤넬이 대답했다.

"네, 바로 당신이요."

코코 샤넬은 패션을 단지 옷으로만 생각하지 않았다. 그녀에게 옷은 기능과 미학 이상의 것이었다. 샤넬의 옷들은 코코 샤넬의 자의식, 독립적인 사고방식, 담대함을 표현하는 방법이었다. 코코 샤넬의 이런 생각은 그녀가 만든 혁신적인 옷차림과 함께 점차 그녀의 옷을 입는 여성들에게도 전해졌다. 샤넬의 옷은 단지 최첨단의 유행 아이템이 아니라 그 옷을 입는 사람의 취향과 감각을 드러내는 하나의 아이콘으로 자리 잡았다. '샤넬을 입는다는 것'과 '샤넬을 입지 않는다는 것'의 차이는 엄청났으니까.

어깨 하나를 만들기 위해 스물일곱 번을 바느질하다

지금은 누구나 '샤넬' 하면 고개를 끄덕이며 인정을 하지만, 사실 그녀가 한창 활동했던 시절에는 그녀의 패션철학 자체가 너무나 낯선 것이었다. 당시 여성은 옷이 자신의 행동과 태도, 심지어 사고방식마저도 제한한다는 생각을 하지 못했다. 여성은 얌전하고 조신해야 하며 자신보다 남편과 가족을 위해 살아야 한다는 관념이 '옷'이라는 것을 통해 고스란히 드러나 있었는데도 말이다. 하지만 코코 샤넬은 본능적으로 이 사실을 알아보았고, 이를 뒤집기 위해 노력했다.

코코 샤넬의 대담무쌍한 자신감의 근거는 일에 대한 완벽함에 있었다. 그녀는 일 중독자이자 완벽주의자였다. 샤넬의 모든 옷은 재봉사들이 리넨으로 패턴을 만들고 원형을 완성하면 모델에게 입힌 상태로 코코 샤넬에게 넘어갔고, 이후의 모든 것은 그녀가 직접 다듬었다. 그리고 무조건 '완벽하게 마음에 들 때까지' 했다. 한 번에 몇 시간씩 걸리는 일도 다반사였고, 어깨 하나를 만들기 위해 스물일곱 번이나 다시 바느질한 적도 있었다. 물론 모델들은 그러는 동안 꼼짝없이 서 있어야 했다. 그런 다음 코코 샤넬이 고른 감으로 다시 옷을 만들었다. 코코 샤넬과 일을 해본 사람은 누구나 그녀의 세밀한 작업 방식과, 그럼에도 전혀 수그러들지 않는 열정에 감탄

했다. 코코 샤넬은 일하지 않는 일요일을 제일 싫어할 만큼 자신의 일을 사랑했으며, 모든 것에 완벽을 기했다.

그녀의 새로운 디자인, 완벽한 디테일은 날이 갈수록 그 인기가 하늘을 찔렀고, 그녀는 이제 모르는 사람이 없을 정도로 유명 인사가 되었다. 그녀는 화가 파블로 피카소, 시인이자 극작가인 장 콕토, '봄의 제전'을 작곡한 이고르 스트라빈스키, 세기의 발레 감독 세르게이 디아길레프 등 당대를 대표하는 문화 인사들과 교류했다. 또 유럽 왕가들과도 긴밀한 관계를 유지했는데 특히 영국 귀족들과 친분이 두터웠다.

그녀가 부유층, 귀족, 예술가 등과 친분 있게 지내는 데에는 다 이유가 있었다. 처음부터 보통 사람이 아니라 특별한 사람들을 위한 럭셔리 의상을 만들었기 때문에, 그녀는 자신을 차별화하고 싶어 하는 부유층들의 마음을 꿰뚫어보았다. 그리고 그들 사이에서 인정을 받으면 훨씬 더 많은 길이 열린다는 것을 알았다. 코코 샤넬은 상류층 여성 중에서도 자신의 옷을 입었을 때 홍보가 될 만한 사람에게는 공짜로 옷을 만들어주는 한편, 일반 고객들과는 부티크에서조차 마주치지 않으려는 신비주의 전략을 세워나갔다.

코코 샤넬은 단 한 번도 자신을 단지 '옷을 만들거나 파는 사람'

이라고 생각하지 않았다. 패션을 창조하는 '아티스트'라고 생각했다. 자신이 만들어내는 작품이 곧 자신이었다. 코코 샤넬은 늘 자기가 만든 옷만 입었다. 당시의 다른 여성들처럼 전형적인 가정집에서 살지 않고 자신의 작업장과 호텔에서만 생활하면서 '나는 자유로운 창조자다'라는 이미지를 만들어나갔다.

  코코 샤넬은 언제 어디서나, 누구에게도, 조금도 흐트러진 모습을 보이지 않았다. 의상실에서 오랜 작업으로 탈진 일보 직전까지 갔다가도 다음날이면 언제 그랬냐는 듯 완벽한 옷차림과 메이크업을 한 우아한 모습으로 나타나 사람들을 놀라게 했다. 고아로서, 남들보다 훨씬 불리한 환경 속에서 시작했지만 그녀는 혼자서, 스스로 패션 제국을 일궈냈다는 자부심이 대단했다. 그것은 평생을 '남들과 다르게 살겠다'는 다짐과 그 성공적인 경험들 속에서 우러나온 진정한 자신감이었다. 그녀는 어떤 상황에서도 여성으로서 떳떳하게 자신을 표현했고, 거침없이 말했다. 당시로서는 상상도 할 수 없는 모습이었지만, 그럴수록 코코 샤넬의 주가는 더욱 올라갔다. 코코 샤넬은 자신의 가치를 스스로 높여가고 있었던 것이다.

창의력은 끊임없는 시도와 노력 속에서만 탄생한다

　1920년~30년대는 그야말로 코코 샤넬의 시대였다. 이제 샤넬이 만들어내는 것은 모두 파리 패션을 대표하는 것이 되었다. 사람들은 파리를 '샤넬 제국'이라고 부를 정도였으니. 하지만 유럽에서 또 한 번 전쟁이 터지면서 샤넬 제국도 기울기 시작했다. 코코 샤넬은 전쟁 통에 어쩔 수 없이 액세서리와 향수만 남기고 부티크의 문을 닫아버렸고, 사람들은 혼란스러운 시대 상황 때문에 더 이상 패션에 관심을 기울일 수가 없었다.

　코코 샤넬은 전쟁 통에 어려움을 겪으면서 자신의 꿈을 한껏 펼쳤던 파리를 떠나야만 했다. 그녀는 결국 스위스로 가게 되었고 점점 사람들의 기억 속에서 잊혀져갔다. 오랜 시간 파리를 떠나 지내던 그녀는 더는 이대로 지낼 수 없다는 생각이 들었다.

　'내가 없는 파리는 상상도 할 수 없어. 더 늦기 전에 돌아가서 다시 새로운 패션의 시대를 열겠어!'

　그때 그녀의 나이는 70세, 샤넬 부티크의 문을 닫은 지 15년이나 되던 때였다. 보통 사람이었다면 그냥 남은 생을 편안하게 지내려 했겠지만, 코코 샤넬은 달랐다. 자신의 재능을 다시 한 번 보여 주고 싶었고, 그러기엔 아직 늦지 않았다는 생각이 들었다.

당시 뉴욕뿐 아니라 전 세계는 여성성을 강조한 옷들이 대세였다. 크리스천 디오르가 만들어낸 가는 허리와 넓은 스커트, 이른 바 '뉴 룩'은 예쁘긴 했지만 활동적인 옷은 아니었다. 여성을 긴 드레스와 코르셋에서 해방시킨 코코 샤넬의 눈에 그것이 좋아 보일 리 없었다. 그녀는 너무 늙었지만, 그래서 더욱 남은 시간을 소중하게 사용하고 남들보다 더 열심히 노력해야겠다고 생각했다. 옷을 만들지 않는 삶은 그녀에게 무료하고 무의미했다. 실패한다 하더라도, 깨지고 부셔지더라도, 다시 한 번 도전해보겠다고 결심했다.

그녀는 오랜 공백으로 돈도 없었고, 사람들은 예전처럼 그녀를 알아주지도 않았다. 지인들을 통해 자금을 마련하긴 했지만, 첫 번째 컬렉션은 참담한 실패를 하고 말았다. 컬렉션이 끝나고 들어온 주문은 고작 열 건. 언론은 그녀를 비판하고 사람들은 그녀를 비웃었다. 코코 샤넬로서는 난생 처음 당해보는 치욕이었다.

하지만 굴하지 않았다. 충격은 받았지만 다시 스위스로 도망칠 수는 없었다.

"나는 계속해야 한다. 그리고 이 싸움에서 이겨야 한다."

그녀는 계속 스스로를 채찍질하며 도전을 거듭했다. 그녀는 다시 한 번 창의력을 발휘할 때라고 생각했다. 그리고 끊임없이 노력하기 시작했다. 더욱 깊이 여성을 이해하고, 더욱 완벽하게 옷을 만들어가기 시작한 것이다. 그리고 1년 후, 두 번의 컬렉션을 더 열고 나자, 사람들은 다시 코코 샤넬에게 열광하기 시작했다. 크리스천 디오르의 '뉴 룩'은 빠르게 타올랐다 금세 가라앉았고, 코코 샤넬은 더뎠지만 하늘 높은 줄 모르고 그 인기가 치솟았다. 이제 더 이상 코코 샤넬을 능가할 자는 없었다.

그녀가 새로 선보인 룩과 가방, 그리고 구두는 그동안 누구도 시도하지 못했던 새로운 패션이었다. 이 새로운 옷들은 프랑스보다 미국에서 훨씬 더 인기가 높았고, 엘리자베스 테일러, 그레이스 켈리 같은 할리우드의 톱스타들뿐 아니라 케네디 대통령의 부인 재클린까지……. 새로운 시대의 패션 아이콘들이 앞 다투어 샤넬의 옷을 입었다.

그녀는 자신이 만들어낸 모든 것을 항상 '예술작품'으로 생각했고, 그렇기에 자신이 가진 모든 창의력을 쏟아 부을 수밖에 없었다. 그리고 그녀는 늘 "난 샤넬이니까!"라고 말하며 자신이 누구보다 특별하다는 점을 드러냈다. 하지만 한편으로 그 창의력은 누구보다 '새로운 것'을 향해 노력하고, 절대 타협하지 않고 완벽하게 작품을 완성해내겠다는 노력에서 나왔다고 이야기한다. 그것이 진정한 '창의력'이며, 진정한 성공의 원동력이었다고 말이다.

코코 샤넬은 화려한 복귀 후 88세까지 활동하다 호텔에서 세상을 떠났다. 죽기 전날까지도 그녀는 '여성을 위해 조금 더 편하고 새로운 것을 만들어내자.'라는 생각으로 옷을 만들었다고 한다. 창의력은 타고나는 것이 아니라 진정 끊임없는 시도와 노력 끝에 만들어진다는 것을 몸소 보여준 것이다.

끊임없는 노력으로 최고의 창의력을 보여준 코코 샤넬

블랙 미니 드레스, 허리띠가 있는 카디건, 무릎길이의 스커트…… 여성이라면 누구나 한두 개쯤은 가지고 있을 법한 이 옷들. 이것을 모두 코코 샤넬이라는 디자이너가 처음으로 만들었다는 사실을 알고 있나요? '샤넬 백'이나 '샤넬 넘버5 향수'는 지금도 많은 여성들이 열광하는 아이템이지요. 더 놀라운 것은 코코 샤넬은 20세기 초중반에 이 모든 것을 만들었다는 사실이에요. 그녀의 패션은 그야말로 '시대를 초월하는' 것입니다. 시즌마다 유행이 바뀌지만 샤넬의 스타일은 결코 변하지 않아요. 코코 샤넬이 처음 말했던 것처럼 심플하면서도 우아하고, 럭셔리하면서도 편안함을 갖춘 완벽한 스타일이라고 합니다.

그렇다면 코코 샤넬이 이렇게 디자이너로서 성공할 수 있었던 이유가 무엇일까요? 그것은 당연히 그녀의 남다른 생각, 즉 '창의력'이라고 대답할 것입니다. 그녀는 단 하나의 물건을 만들더라도 기존의 관습이나 유행을 따라가지 않고 자신만의 스타일을 창조했으니까요. '다르게, 새롭게!'라는 것은 그녀의 가치관이기도 했어요. 그녀의 이러한 생각은 단순히 '패션'이 아니라 당시 여성들의 생각까지 변화시키는 역할을 하기도 했지요. 집 안에서 가족만 돌보고 남편의 뒷바라지를 해야 하며, 거추장스럽고 불

Gabrielle Bonheur 'Coco' Chanel

편하더라도 남들이 하는 것처럼 다 하고 다녀야 한다는 생각을 완전히 깨어버리는 옷들을 만들었으니까요.

코코 샤넬이 고아였다는 사실을 안다면 더욱 놀랍죠. 그녀는 남들처럼 많이 공부를 하지 못했고, 어렸을 때에도 먹을 것 하나 제대로 먹지 못하고 자랐어요. 하지만 노력했어요. 똑같은 것을 보더라도 남들과 다르게 생각하고, 더 새롭게, 새롭게 변형하고 다시 만들어보는 일을 반복했죠. 그러한 시도들은 그녀에게 순간순간 새로운 영감을 불어넣어주었고, 노력한 만큼 사람들을 깜짝 놀라게 만드는 결과를 만들어냈어요.

대부분이 창의력은 타고나는 것이라고 생각하고 특별한 환경 속에 있는 사람만 가질 수 있는 거라고 생각하지만, 그녀를 보면 절대 그렇지 않다는 걸 알 수 있어요. 그녀가 만든 옷이 그러했듯, 지금까지도 많은 사람들이 사랑하는 그녀의 모든 작품들이 그녀의 열정과 끊임없는 시도 속에서 태어났으니까요. 그래서 우리는 지금도 샤넬의 패션을 동경하고, 성공한 여성, 가장 창의적인 여성으로 그녀를 인정할 수밖에 없는 것 아닐까요?

나도 코코 샤넬처럼!

"남들과 똑같은 건 싫어, 좀 다르게 생각해봐!"

살면서 눈에 보이는 것들, 내가 접하는 것들에 대해서 '왜?'라는 질문을 던져본 적이 있나요? 이제부터는 무엇을 보든 항상 관찰하고 고민하는 습관을 가져보세요. 새로운 아이디어와 진정한 창의력은 거기서부터 시작되는 것이니까요. 물론 익숙한 것을 깨는 일은 겁이 나고 두렵기도 해요. 하지만 늘 반짝이는 아이디어를 내어놓는 사람들, 창의성으로 성공을 한 사람들이 처음부터 천재였던 건 아니랍니다. 코코 샤넬 또한 모든 여성들이 입고 있는 거추장한 옷을 보고 '왜 저렇게 불편한 옷을 입어야 할까, 좀 더 편하게 만들 수는 없을까?' 하는 생각에서 출발했잖아요. 그리고 다양한 곳에서 힌트를 얻고 노력, 또 노력했죠.
창의력은 노력하지 않는 사람에게 절대 저절로 찾아오지 않는다는 사실을 명심하세요!

6

부끄러움은 강함으로, 강함은 열정으로

겁 많고 수줍음 많은 소녀에서 가장 용기 있는 골프 여왕이 된 아니카 소렌스탐

Annika Sörenstam

"I just try to mind my own game,
hit one shot at a time and kind of stay in the present"

나는 오직 내 게임에 몰두해
한 번에 한 샷씩 쳐나가면서, 이 순간을 지키기 위해 노력할 뿐이다.

약점을 이겨내고 강점으로 만들기

혹시 그럴 때 없니? 심장이 두근거리고 손에서 땀이 날 때 말이야. 혹 실수라도 하지 않을까 조마조마하고, 내가 떨고 있다는 것을 남이 알아챌까 봐 더 떨릴 때. 나도 그런 적이 있었는데 미국 유학 시절 첫 날에 있었던 일이란다. 교수님과 학생이 모두 둘러앉아 한 사람씩 자기소개를 하게 되었어. 난 한국에 있을 때도 발표하라고 하면 한참 준비를 해야 했는데, 갑자기 영어로 자기소개를 하라니…… 정말 당황스러웠지. 게다가 외국 학생은 나뿐이었거든. 내 차례가 다가올수록 심장이 막 조여드는 기분이었어. 드디어 내 차례가 되었고, 뭐라고 이야기를 했는데 무슨 말을 어떻게 했는지 기억조차 나질 않았어.

한 번 그러고 나니 그 증세는 더 심해져서 토론 위주로 수업을 할 때면 무슨 말을 해야 할지 몰라 안절부절 못했고, 결국 '영어 울렁증'까지 생기려 하지 뭐야. 매 수업 때마다 가만히 앉아 있는 게 얼마나 창피하든지.

그런데 어느 날 가만히 생각해보니 그런 생각이 들더라고, '내가 미국 사람이 아닌데, 그들만큼 영어를 못 하는 건 당연한 거 아니겠어?' 그때부터 나는 미국 친구도 사귀고, 외국 학생에게 도움을 주는 사람들도 만나고, 교수님들과 한 마디라도 더 해보려고 노력했어. 그러다 보니 자신감도 생기고, 마지막 학기 때는 논문 발표까지 무사히 마쳤단다!

만약 그때 그 울렁증을 극복하지 못했다면 유학도 제대로 못 마치고 돌아왔을지 몰라. 난 결국 나 자신과 싸움을 했던 것 같아. 이렇게 소심한 나 자신을 이기지 못한다면 어디에서도 살아남을 수 없다고 굳게 마음을 먹은 거지. 가장 큰 적은 바로 나 자신이란 걸 깨달았던 거야.

오늘 난 너에게 골프 선수인 아니카 소렌스탐에 대한 이야기를 들려주려고 해. 그녀가 최고의 선수가 될 수 있었던 것도 용기 때문이라고 생각해. 결국 수줍음과 겁 많던 자신과의 싸움에서 이겼으니까 골프는 특히 매 순간 자신과의 싸움을 해야 하는 운동이란다. 가끔 TV를 보면 수많은 관중들이 숨죽이고 지켜보는 가운데 그 작은 구멍으로 공을 집어넣기 위해 얼마나 집중을 하니? 그 순간을 담대하게 이겨내는 사람만이 최고가 될 수 있을 거야.

특히 아니카 소렌스탐은 어릴 적엔 남들 앞에서 말 한 마디도 제대로 못할 만큼 수줍음이 많았다고 해. 하지만 그녀는 결국 어떤 상황에서도 절대 흔들리지 않고 경기를 풀어나가는 최고의 선수가 되었지.

정말 존경스럽지?

처음부터 모든 걸 훌륭히 해내는 사람은 없을 거야. 그 과정에는 수많은 땀과 노력이 있겠지. 이제 아니카 소렌스탐이 어떻게 자신을 이기고 약점을 극복할 수 있었는지, 우리 한번 살펴볼까?

아니카 소렌스탐 *Annika Sörenstam*
골프 역사상 가장 뛰어난 여자 선수

두 번의 슬럼프, 심각한 부상에도 불구하고 포기하지 않는 의지로 다시 일어서고, 또 일어선 골프계의 전설. 1위 소감조차 발표하지 못할 만큼 소심하고 겁 많은 성격을 극복하고 이제는 오히려 '가장 용감하고 도전적인 여성'으로 손꼽히는 여자. 그녀는 바로 세계적인 골프 스타 아니카 소렌스탐이다.

그녀는 1970년 스웨덴에서 태어나 어릴 때부터 만능 스포츠인으로 불릴 만큼 운동에 대한 소질이 남달랐다. 프로 골퍼가 되겠다는 꿈을 정하고 열심히 노력한 끝에 12세에 골프 세계에 입문, 22세라는 어린 나이에 프로로 데뷔하게 된다. 여성으로서는 믿기 힘들 정도의 정신력으로 도전을 거듭한 끝에 16년 동안 93승이라는 경이로운 성적과, 59타라는 여성 최고 기록을 남기며 '골프의 여왕'으로 등극. 58년 만에 처음으로 남자대회 PGA 투어에 초청받은 여자로 이름을 세운다.

> "미리부터 겁내지 마.
> 넌 충분히 할 수 있어."

우승 소감 말하기가 두려워 2등을 하는 아이

"자, 다들 모여서 골프 치러 갈까?"

아니카 소렌스탐은 1970년 스웨덴 스톡홀롬에서 스포츠 광인 부모에게서 태어났다. 그런 덕분에 휴일만 되면 동생과 함께 부모님을 따라 골프며, 테니스며, 축구를 하러 다녔다. IBM에 다니는 아버지는 물론 은행에서 일하던 어머니도 스포츠라면 종목을 가리지 않고 좋아했다. 심지어 어머니는 아니카 소렌스탐을 임신 중일 때도 골프를 쳤을 정도였으니.

집 지하실에는 배드민턴, 탁구 등 항상 스포츠를 즐길 수 있도록

해두었고, 둘씩 편을 갈라 경기를 벌이는 날이면 그야말로 불꽃 튀는 대결이 벌어졌다. 다들 승부욕도 대단했다.

이렇게 자연스레 스포츠와 가까워진 그녀는 12세가 되던 해 동생과 함께 자연스레 골프 세계에 입문하게 되었다. 물론 골프는 그녀가 잘하는 여러 종목 중 하나일 뿐이었다. 테니스는 스웨덴 주니어 랭킹 10위 안에 들었고 스키 또한 국가대표로부터 선수 권유를 받았을 정도였다. 그녀는 특히 힘과 기술을 두루 갖춰야 하는 종목을 좋아했다.

하지만 16세 때 참가한 스웨덴 골프 협회의 훈련 캠프는 그녀의 인생을 바꿔놓았고, 또래들과 제대로 된 훈련을 받으며 비로소 골프만의 매력에 빠져들기 시작했다.

골프는 다른 종목들과 좀 달랐다. 정해진 코스, 정해진 홀 안에 누가 가장 적은 시도로 먼저 공을 집어넣느냐를 가리는 단순한 게임이지만, 시시각각 달라지는 환경과 경쟁자는 물론 스스로를 컨트롤할 수 있는 육체적인 능력과 흔들리지 않는 집중력을 두루 갖추어야 했다. 이러한 과정에 익숙하고 도전하기를 좋아했던 아니카 소렌스탐은 전문적인 코칭을 받기 시작하면서부터 하루가 다르게 실력이 발전하기 시작했다. 하지만 아직 넘어야 할 가장 큰 장애물이 남아 있었다. 그것은 두려움이었다.

골프 대회가 열린 어느 날. 아니카 소렌스탐은 마지막 홀을 돌고 있었다. 이제 마지막 이번 퍼팅만 무난하게 성공하면 우승이었다. 하지만 그녀는 한 번만에 넣어야 할 공을 세 번이나 시도한 끝에 겨우 넣을 수 있었다. 다 잡은 우승을 눈앞에서 놓친 셈이었다.

"대체 왜 그러니, 컨디션이 좋지 않은 거야? 한두 번도 아니고, 번번이 그러다니!"

코치는 그런 그녀가 도저히 이해되지 않았다. 연습할 때만 해도 나무랄 데 없이 잘 치던 아이가 갑자기 경기만 들어가면 실수를 하다니. 그것도 늘 우승 직전 마지막 홀에서 어이없이 말이다. 한두 번은 이해할 수 있었지만 그 이상은 아니다 싶어 그녀에게 물었다.

"무슨 문제가 있는 거니?"

"아니요, 실은…… 일부러 그랬어요."

아니카 소렌스탐은 기어 들어가는 목소리로 말했다.

"일부러 그랬다고? 아니, 왜?"

"우승을 하면 사람들 앞에 나가서 소감을 말해야 하니까요."

코치는 그녀의 대답을 듣고 화가 나서 야단을 칠까 했지만, 부끄러움이 많은 그녀에게 오히려 상처만 줄 것 같아 아무 말도 하지 않았다. 대신 다음 시합 때부터는 우승자뿐 아니라 준우승자도 같이 수상 소감을 발표하도록 했다.

그러자 아니카 소렌스탐도 더 이상 빠져나갈 수가 없었다. 많은 이들이 쳐다보는 가운데 골프를 하는 것도 그녀에겐 너무나 어려운 일인데, 수상 소감까지 말해야 한다니……. 그때까지는 '차라리 준우승을 하는 편이 낫겠어.' 하고 생각했었지만, 이젠 준우승도 소감을 말해야 하니 그걸 피하기 위해 3위까지 내려갈 수는 없는 노릇이었다.

'어차피 소감을 말해야 하는 거라면, 차라리 우승 소감을 말하는 게 나아!'

비로소 아니카 소렌스탐은 다시는 일부러 실수를 하지 않겠다고 마음을 먹었다. 그리고 당당하게 우승을 해나가기 시작했다. 이제 그녀는 완벽한 골프 모범생이 되었다. 그녀는 늘 한 번 마음을 정하면 뒤돌아보지 않는 성격이었기에 코치의 말을 빨리 이해했고, 자신의 단점을 고칠 수 있다면 어떤 새로운 시도도 마다하지 않았다. 무엇보다 그녀는 하나를 배워도 그것을 완벽하게 소화해낼 때까지 꾸준히 연습해 자신의 것으로 만들어버리는 선수였다. 늘 코치들이 요구한 시간보다 더 오래 연습했다.

"성공에는 지름길이 없다!"

아버지의 말씀은 골프 선수가 되기로 결심한 그녀에게 어느새 좌우명이 되어 있었다. 연습, 또 연습을 거듭하자 자신이 본래 가진 끈기와 집중력은 더욱 더 빛을 발하기 시작했다. 그녀는 얼마 후 스웨덴 국가 대표에 뽑혔고, 1990년부터는 스웨덴이 세계 아마추어 골프 선수권대회에서 3연패를 하는 데도 일등공신이 되었다.

실력만큼이나 남들 앞에 나서길 꺼려하던 수줍은 성격도 몰라보게 달라졌다.

'두려움은 맞서지 않으면 결코 극복할 수 없는 거구나…….'

이렇게 한 번 자신의 약점을 극복하자 그녀는 더 이상 두려울 것이 없었다. 이때부터 아니카 소렌스탐은 어떤 상황에서도 두려워하지 않고, 과감하게 도전하는 선수로서 명성을 얻기 시작했다. 그것은 모두 이때 경험한 극도의 두려움과 이를 극복했다는 자신감 덕분이었다.

잘하는 부분은 더욱 강하게, 못하는 부분은 목표를 세워 하나씩 달성하기

1991년 아니카 소렌스탐은 도쿄에서 열린 골프 대회에 출전했는데 이 대회에 출전했던 미국 애리조나 대학 코치가 그녀의 재능을 눈여겨보고 미국 유학을 제의했다. 그녀는 스웨덴 대학 입학을 앞두고 있었지만 흔쾌히 수락했다. 골프를 시작한 이상 스웨덴보다는 LPGA가 있는 골프의 본토, 미국 무대가 낫겠다고 생각한 것이다.

하지만 유학 생활은 쉽지 않았다. 북유럽 스웨덴의 작은 마을과 미국 사막 위의 애리조나는 그야말로 극과 극의 환경이었다. 강한 햇빛, 어디를 가도 따라다니는 그림자…… 그녀는 한동안 경기에 적응하지 못해 애를 먹었다. 게다가 낯선 기숙사 생활과 난생처음 가족과 떨어져 사는 환경, 언어 문제까지…… 어느 것 하나 쉽지가 않았다.

'힘들어도 오직 골프만 생각하자! 환경은 힘들지만 미국은 훨씬 더 기회가 많잖아. 더 많은 경기에서 하나씩 하나씩 우승을 만들어가고, 그러다 보면 언젠가는 최고가 될 수 있을 거야!'

아니카 소렌스탐은 경기에서 한 샷 한 샷 정성껏 공을 칠 때처럼 우승 기록 또한 하나씩 하나씩 세워나갔다. 그때마다 자신의 신기록도 조금씩 갱신되었다. 또한 이때부터 자신의 경기 성적, 기록, 각종 자료 등을 빠짐없이 기록해두기 시작했다. 그런 다음 매일매일 그것을 살펴보면서 자신의 강점과 약점이 무엇인지 분석하고 새로운 목표를 만들었다. 특히 부족한 부분을 개선하는 데 초점을 맞추었다. 그 목표는 아주 구체적이었고, 하나의 목표를 달성하면 바로 그 다음 목표를 정하고 도전했다.

아니카 소렌스탐은 애리조나 대학에 들어간 첫 해 7개 대회에서 우승했고, 미국인이 아닌 선수로는 처음으로 전미 대학 선수권 대회에서 우승을 차지했다. 계속되는 우승 행진 속에 그녀는 이제 '프로 골퍼'가 되겠다는 목표를 세웠다. 그녀는 연습에 좀 더 집중하겠다고 다짐하고 대학을 중퇴한 뒤 프로로 전향했다. 그리고 유럽 여자투어인 LET를 거쳐 1994년 여자 선수들의 최고 무대인 미국 LPGA에 입성했다. 이제야말로 진정한 골프 선수가 된 것이다.

여기에 만족할 아니카 소렌스탐이 아니었다. 그녀는 전보다 더 높은 목표를 세우고 더 강도 높은 훈련으로 또 다시 우승 탑을 쌓아 나갔다. 그녀는 끊임없는 노력과 발전을 거듭하며 골프 여왕의 자리에까지 올랐고, 1998년에는 LPGA 올해의 선수상을 2년이나 연속 수상하여 전 세계를 놀라게 했다. 상금랭킹은 물론 늘 1위였다.

아니카 소렌스탐은 그야말로 완벽한 골퍼였다. 넓게 펼쳐진 잔디 위에서 그녀는 마치 감정이 없는 사람처럼 무표정했고 그녀가 치는 공은 마치 기계처럼 완벽하게 원하는 곳으로 가 닿았다. 보통 선수라면 흔들리게 마련인 위기 상황, 혹은 결정적인 상황에서도 절대 평상심을 잃지 않았다. 잔디 위에서 그녀의 걸음걸이는 늘 당당하고 빨랐다.

정말 아니카 소렌스탐이 자신감이 넘치고 당당해서였을까? 전혀 떨지도 않을 것 같은 그녀의 마음은 사실 항상 두려움에 가득 차 있었다. 반면 이 두려움에 맞서려는 필사적인 노력이 있었다. 데뷔 초기에는 늘 뒷주머니에 메모장을 가지고 다니며 경기 도중 자신의 기분 상태를 적어두었다가 언제 가장 좋은 결과가 나올 수 있는지를 체크하고 그 기분을 유지하기 위해 노력했다. 경기 때 쓰는 자신의 모자에는 '두려움에 맞서라!'라는 글귀를 적어놓고, 어떤 위기 상황에서도 당황하지 않으려 노력했다.

'이 마지막 공이 들어가지 않으면 어쩌지?'라는 생각은 절대 하지 않았다. 부정적인 생각은 순식간에 두려움을 몰고 온다는 걸 알고 있었으니까. 이런 노력은 그녀가 치는 공이 항상 '최고'가 되게 만들었고, 항상 한 치의 오차도 없는 완벽한 게임을 하겠다는 목표를 세우게 만들었다.

"목표를 어떻게 잡느냐에 따라 성과도 달라지는 거야!"

모든 이가 불가능하다고 했지만, 그녀는 모든 홀에 한 번도 실수하지 않고 공을 넣겠다는 목표를 세우고 끊임없이 달렸다. 이제 그녀는 스스로 두려움마저 이겨내는 방법을, 알고 있었다.

슬럼프를 재도전의 기회로 삼다

누구보다 화려하게 프로선수의 꿈을 이루어가던 아니카 소렌스탐. 하지만 데뷔 7년 차가 되던 때 그녀에게도 첫 번째 슬럼프가 찾아왔다. 부진 또 부진…… 기록은 점점 더 떨어졌고, 아무리 자신을 다잡으려고 해도 되지 않았다. 오랫동안 그녀와 겨룰 만한 적수가 없었던 탓에 자신도 모르는 사이 느슨해져 있었고, 이 슬럼프는 쉽게 극복되지 않았다.

한참 슬럼프에 빠져 헤매고 있을 때 '카리 웹'이라는 경쟁자가 바로 치고 올라왔고, 그녀는 아니카 소렌스탐보다 한 수 아래였지만 아니카 소렌스탐의 부진을 틈타 2000년 LPGA 올해의 선수상을 차지했다. 승부욕이 남달랐던 아니카 소렌스탐은 그제야 정신을 번쩍 차렸다.

'이대로는 안 돼. 다시, 지옥 훈련에 들어가야겠어!'

그녀는 마치 처음 골프를 배우는 사람처럼 연습에 돌입했다. 자신의 약점을 세세하게 파악하고 안 되면 될 때까지 했다. 골프 연습은 물론 근력을 키우고 유지하는 데도 시간을 쏟았다. 더욱 힘을 길러 그 전보다 더 강한 아니카 소렌스탐이 되어야 했다. 그리고 2001년, 그녀는 다시 살아났다!

오히려 슬럼프에 빠지기 전의 화려한 시절보다 더 실력은 뛰어나 있었고, 자신감도 충만했다. 자신의 약점을 스스로 찾아내고 연습으로 해결한 것이기에 더욱 그랬다.

2001년 아니카 소렌스탐은 8개의 LPGA 대회에서 우승했고, 마침내 여자로서는 최고의 기록인 59타를 기록했다. 상금도 200만 달러(약 22억 원)를 돌파했다. 이제 그녀는 누구도 부정할 수 없는 최고의 여성 골퍼였다.

2003년 5월. 텍사스의 한 골프장에는 흥분과 열기가 가득했다. 수십 대의 위성중계차가 몰렸고, 4만 명이 넘는 사람들이 몰려왔다. 타이거 우즈의 경기에서도 찾아볼 수 없는 광경이었다.

이것은 바로 골프의 여왕 '아니카 소렌스탐' 때문이었다. 여자로서 가장 골프를 잘 친다는 그녀가 남자들에게 당당하게 도전장을 내민 것이다. 과연 그녀가 쟁쟁한 남자 프로 선수들과 경쟁해 얼마만큼의 성적을 거둘지 골프계는 물론 전 세계의 이목이 집중된 세기의 성 대결이었다.

'두려워하지 말자, 승부가 중요한 것이 아니야. 세계 최고의 선수로서 그들과 겨룰 수 있다는 것이 중요한 거야!'

드디어 아니카 소렌스탐이 첫 번째 샷을 날리기 위해 모습을 드러냈다. 구름떼처럼 모여 있던 사람들도 숨을 죽였다. 그녀가 친 공은 시원하게 공중을 날아갔고, 222m를 간 공은 무사히 떨어졌다. 나무랄 데 없는 샷이었다. 첫 타를 날린 그녀의 얼굴에는 함박웃음이 가득 지어졌다. 한 손으로 가슴을 쓸어내리며 긴장감을 드러내는 그녀의 솔직한 모습은, 골프사에 오래도록 남을 장면이었다.

여자인 아니카 소렌스탐이 남자 대회에 출전하는 것에 대해서는 의견이 분분했다. 응원하는 사람이 있는가 하면 "어림도 없지!" 하는 반응도 적지 않았다. 특히 일부 남자 선수들은 "남자 대회에 감히 여자가 오다니, 그녀와 같은 조가 된다면 기권하겠다!"며 노골적으로 반대의 뜻을 드러내기도 했다. 하지만 그녀는 당당하게 PGA에 출전했고, 그것은 그녀 인생의 최대 도전이었다. 여자 골퍼 전체의 명예가 달린 문제이기도 했다. 해보지 않고 포기한다는 것은 그녀에게는 있을 수 없는 일이었다.

대회 직전 그녀는 "상황에 관계없이 최선의 모습을 보여줄 것입니다. 이는 저에겐 전혀 두렵지 않은 일이니까요. 여행을 온 듯 즐기며, 당당하게 싸우겠습니다!"라고 말하며 담담하게 경기에 임했다. 경기 결과는 예상만큼 좋지 못했지만, 이 대회는 그녀 자신에게 많은 것을 일깨워주었다. 남자들과 겨루면서 그동안 배운 모든 것을 보여줘야 한다는 부담감은 그녀가 "대회가 마치 에베레스트 산처럼 느껴졌다"고 했을 만큼 두렵고 울렁거리는 것이었다. 하지만 그녀는 무엇보다 자신과의 싸움에서 승리했고, 최선을 다했으니 스스로에게 떳떳했다. 골프를 시작한 이후 가장 많은 언론과 사람들 앞에서도 미소를 잃지 않았고, 흔들리지 않고 경기를 해냈다는 자신감, 그것만으로도 충분했다.

스웨덴을 비롯해 전 세계는 이러한 아니카 소렌스탐의 도전과 당당함에 찬사를 보냈고, 그녀는 더욱 유명해졌다. 광고모델 제안도 줄을 이었다. 남자들과 겨룬 대회에서 얻은 등수와 관계없이, 그녀는 진정한 우승자가 되었던 것이다.

성공에 지름길이 없듯, 위기 극복에도 지름길은 없다

세상을 놀라게 하며 지칠 줄 모르고 앞을 향해 달려가던 그녀에게도 피할 수 없는 장애물이 다가왔다. 바로 부상이었다. 워낙 자기관리가 철저한 아니카 소렌스탐이었지만, 목 디스크라는 벽 앞에서는 어쩔 도리가 없었다. 그녀는 최악의 스코어를 기록했고, 두 달 간의 재활에도 불구하고 몸은 좋아지지 않았다.

이미 한 번의 슬럼프를 극복했고, 자신과의 싸움에서 이길 방법은 참고 노력하는 것밖엔 없다는 사실을 잘 알았다. 그리고 긍정적인 생각으로 '잘 될 것'이라는 주문을 스스로 되뇌는 것! 그것밖엔 없었다. 부상을 이기는 것은 한 번에 쉽게 되는 것이 아니었다. 천천히 끈질기게 자신을 딛고 일어서는 연습이 필요했다. 그리고 이러한 부상마저도 결국 연습과 노력으로 극복할 수 있다는 마음가짐이 필요했다.

'성공에 지름길이 없듯, 위기 극복에도 지름길은 없어!'

사람들은 모두 아니카 소렌스탐이 부상을 극복하지 못할 것이라는 예측을 했지만 정작 그녀는 달랐다. 물론 심리적으로는 두려움이 가득했지만 이를 떨쳐내고 '노력은 항상 정직한 결과를 가져다 준다. 열심히 한다면 반드시 잘 될 거야.' 하는 항상 긍정적인 생각으로 끊임없이 노력, 또 노력했다. 그리고 결국 100% 컨디션을 되찾았고, 2008년, 1년 6개월 만에 우승을 맛봤다. 이후 연거푸 3개 대회에서 우승했고, 이는 모두 어려운 대회였기에 그녀에게 감회가 남달랐다. 신문과 TV에서는 아니카 소렌스탐이 제2의 전성기를 맞았다고 보도했다.

그녀는 이제 최고의 자리에 올랐고, 이 시점에서 자신의 꿈을 다시 한 번 점검해보게 되었다. 진정한 승리자는 떠나야 할 때를 잘 아는 사람이라고 생각한 것이다. 그녀는 매체를 통해 이제는 선수로서는 은퇴하여 후배들에게 자신의 노하우를 전수하고, 골프와 관련된 사업에 집중하겠다는 뜻을 밝혔다.

"저는 두 번의 슬럼프를 극복하고 비로소 최고의 자리에 올랐습니다. 이제 저는 은퇴를 하려 합니다. 골프를 너무 사랑하기에 이런 결정을 내리기가 무척 힘들었지만, 이것이 옳은 판단임을 믿습니다. 이제는 가정과 아카데미, 재단 및 골프 사업에 주력할 것입니다."

모두들 아니카 소렌스탐의 이 같은 말이 '폭탄선언'이라고 했다.

그녀는 슬럼프를 극복해 최상의 컨디션을 유지하고 있었고, 더 많은 기회를 가질 수 있었기 때문이다. 하지만 그녀의 생각은 달랐다. 16년 동안 프로 생활을 해왔고, 언젠가는 필드에서 내려와야 한다는 사실을 잘 알고 있었다. 그리고 그 시점은 '박수칠 때 떠나라'는 말처럼 최고의 자리에 있을 때가 가장 적당하다는 것을 알았다.

최고의 자리에 오르기까지 정말 후회 없이 최선을 다했기에 미련은 없었다.

'부끄러움이 많고 내성적인 성격과 두 번의 슬럼프. 난 이 모든 걸 극복하고, 이제 정말 최고가 되었어. 물러나야 할 때를 알지 못해 자신의 명성을 갉아먹는 것보다, 아름답게 내 자리를 남겨둘 거야!'

많은 사람들이 골프의 여왕인 아니카 소렌스탐의 경기를 볼 수 없다는 사실을 아쉬워했지만, 그녀는 담담하게 웃으며 최고의 자리에서 내려왔다. 그리고 제2의 인생을 시작했다.

중국과 남아프리카공화국에 '아니카 코스'를 만들었고, 말레이시아와 미국에도 그녀가 디자인한 골프 코스가 문을 열 예정이다. 그녀는 이제 비즈니스 우먼으로 변신해, 골프와 관련한 사업을 활발하게 벌이고 있다. 뿐만 아니라 자신을 롤 모델로 생각하는 여성 골퍼들에게 기회를 제공하고, 전 세계 60명의 재능 있는 소녀 골퍼들을 초청해 '아니카 인비테이셔널'이라는 대회를 개최하기도 한다.

　이제 그녀는 전 세계 모든 스포츠인들의 우상이자 살아 있는 롤 모델이 되었다. 골프 선수들뿐 아니라 지금도 끊임없이 자신과의 싸움에서 지지 않기 위해 달려가는 모든 이에게, 최고의 멘토가 되어주고 있다.

두려움을 극복하고 최고가 된 스포츠 영웅
아니카 소렌스탐

많은 사람들이 "스포츠는 자신과의 싸움이다."라는 말을 합니다. 우리는 올림픽이나 월드컵을 보며 그들의 경기에 열광하지만, 필드에서 싸우고 있는 그들의 가슴 속에는 우리가 알 수 없는 두려움이 가득합니다. 그 중에서도 골프는 그야말로 자신과의 지독한 싸움을 해야 하는 운동으로 손꼽힙니다. 아무리 체력이 좋아도 심리적으로 흔들리면 어이없는 실수를 하기 마련이니까요. 그래서 골프를 오래 한 사람들은 "정신력 싸움이다." 라고 말하기까지 합니다.

아니카 소렌스탐이 오랜 시간, 다른 선수들보다 훨씬 뛰어난 실력을 발휘할 수 있었던 것도 바로 강인한 정신력 때문이었습니다. 그녀는 누구보다 확실한 목표를 세웠고, 그것을 달성하기 위해 끊임없이 노력했습니다. 부끄러움이 많고 남들 앞에 서는 것을 두려워했지만 그 두려움을 안고는 절대 최고가 될 수 없다는 것을 누구보다 잘 알았기에 날마다 노력했습니다. 부정적인 생각을 떨쳐내고 긍정적인 생각을 하며, 단점을 장점으로 만들기 위해서 말입니다.

두 번의 슬럼프가 왔을 때에도 모두들 "이제 그녀는 끝났다"고 했지만 그

Annika Sörenstam

녀는 그 말에 전혀 동요하지 않았습니다. 몸에 심각한 부상을 입었다는 것은 운동 선수에게는 치명적인 약점이 될 수 있었지만 그녀는 결코 포기하지 않았어요. 오히려 그것을 딛고 일어서기 위해 엄청난 연습과 노력을 기꺼이 감당했지요. 경기 중에는 오직 그 순간만을 생각했고, 절대 부정적인 생각이 떠오르지 않도록 했어요. 그것은 그녀가 완벽한 경기를 이끌어 갈 수 있게 했습니다.

"가장 큰 적은 내 안의 나다!"

이는 골프의 여왕 아니카 소렌스탐이 늘 가슴속에 간직했던 말입니다. 그녀의 말처럼 나 자신의 부족한 점들을 덮어두지만 말고 맞서 싸울 때만이 비로소 최고가 될 수 있을 것입니다.

나도 아니카 소렌스탐처럼!

"두려움, 맞서 싸워야만 극복할 수 있어!"

혹시 '난 절대 안 돼.', '이건 절대 고칠 수 없어.'라는 생각에 사로잡힌 적은 없나요? 그렇다면 아니카 소렌스탐을 보세요. 그녀가 보여준 용기와 도전 정신은 비단 골프만이 아니라 우리의 모든 인생에 필요한 가치들이죠. 부끄러움이 많다고요? 사람들 앞에만 서면 정신이 아득해진다고요? 좀 아프거나 힘들면 주저앉고 싶어진다고요? 이젠 그 두려움들 앞에 당당히 서세요. 그리고 부정적인 생각에게 틈을 내어주지 말고 맞서 싸우세요. 아니카 소렌스탐이 그랬듯, 구체적인 목표를 세우고 하나씩 하나씩 이겨나가보세요. 두려움은 극복하는 순간, 자신감이 된답니다!

7

경청하고 이해하라, 그런 다음 진솔하게 나를 보여줘라

진실은 통한다는 것을 몸소 보여준 토크 쇼의 여왕 오프라 윈프리

Oprah Gail Winfrey

"As you become more clear about who you really are,
you'll be better able to decide what is best for you."

내가 정말 어떤 사람인지 명확하게 알게 될수록
무엇이 나에게 최선인지 더 나은 판단을 할 수 있다.

지금 이 순간, 솔직함이 필요한 너에게

'기자'라는 직업의 주요 업무가 뭔지 아니? 맞아, 바로 인터뷰란다. 오랫동안 기자로 일해 온 나는 수많은 인터뷰를 했어. 그래서 몇 마디만 나눠도 '오늘 인터뷰가 잘 되겠다, 안 되겠다'는 감이 오곤 하지. 특히 곤란한 질문을 던졌을 때 "노코멘트!"라고 딱 잘라버리면 그날 인터뷰는 뻔하게 흐르고야 만단다.

인터뷰를 해보니, 유명한 사람일수록 자기 자랑은 많이 하는 데 반해 자신의 실수나 과거를 덤덤하게 말할 수 있는 사람은 별로 없었어. 오히려 모두가 아는 사실인데도 거짓말을 하며 숨기려 들던 걸.

그런 점에서 볼 때 오프라 윈프리는 정말 대단한 사람인 것 같아. 우리나라에서는 〈오프라 윈프리 쇼〉가 거의 방송되지 않아서 그 영향력을 잘 실감할 수 없지만 미국에서는 그녀를 '토크 쇼의 여왕'이라고 부른단다. 오프라가 한번 소개한 것은 책이든 무엇이든 모두 베스트셀러가 된다고 할 정도니까. 25년 동안 토크 쇼 시청률 1위라니, 믿을 수가 없을 정도지?

오프라 윈프리의 가장 큰 특징은 바로 '솔직하다'는 점이야. 어린 시절 끔찍한 기억, 엄청난 체중의 변화⋯⋯. 그 어떤 것이라도 결코 숨기는 법이 없어. 그냥 솔직한 태도가 아니라 진정 정직한 마음으로 방송을 하는 거지. 그래서 사람들은 그녀의 진실 된 이야기에 귀를 기울이고 공감하기 시작했어. 이렇게 오프라 윈프리는 진실 된 모습을 통해 스스로를 치유하는 것은 물론 자신과 비슷한 처지의 사람들을 도울 수 있었단다.

만일 오프라 윈프리가 다른 토크 쇼 진행자들처럼 자신을 감추고 남의 이야기만 들으려고 했다면 어땠을까? 지금처럼 엄청난 성공은 불가능했을 거야. 그리고 자신의 과거가 밝혀질까 항상 전전긍긍하며 살았겠지. 자신의 성공을 사회 그리고 좀 더 많은 이들을 돕는 데 쓰겠다는 생각은 더더욱 못했을 거고.

그런데 이건 꼭 오프라 윈프리처럼 유명한 사람이나 엄청난 일을 겪은 사람에게만 해당되는 이야기는 아닐 거야. 수업시간에 지적을 받았다거나 친구들에게 놀림을 받았다거나 성적이 떨어졌다거나…… 누구에게나 부끄러운 일, 감추고 싶은 일은 있는 법이니까. 그게 무엇이든 혼자서 끙끙 앓지 말았으면 해. 다른 사람과 이야기를 하다 보면 그것이 의외로 별 것 아닌 것처럼 느껴질 수도 있고 새로운 해석을 들을 수도 있으니까. 훌훌 털고 다시 시작할 수도 있고.

주변을 돌아보렴. 우리의 이야기를 들어줄 부모님과 친구들이 있지 않니? 그들은 언제나 준비가 되어 있단다. 숨기지 말고 솔직하게, 다가서 보렴. 상처와 아픔이 많았던 흑인 소녀에서 세계 최고의 토크 쇼 여왕이 된 오프라 윈프리처럼 말이야!

오프라 윈프리 *Oprah Gail Winfrey*
세계에서 가장 유명한 토크 쇼 진행자

―

1954년, 미국 미시시피에서 사생아로 태어난 오프라 윈프리는 그 누구도 쉽게 경험할 수 없는 온갖 어려운 과정을 겪으며 어린 시절을 보냈다. 하지만 그 속에서도 절대 손에서 책을 놓지 않으며 똑똑한 여성으로 자라났고, 항상 상대방을 놀라게 하는 입담으로 19세에 방송을 시작하게 된다. 그리고 미국 방송 사상 최고의 시청률을 기록하며 '토크 쇼의 여왕'으로 자리 잡는다.
무엇보다 그녀는 자신의 과거를 숨김없이 드러냄으로써 누구하고든 마음을 열고 이야기를 나누는 '공감 커뮤니케이션'의 일인자로 인정을 받고 있다. 또한 버락 오바마를 대통령으로 만든 일등 공신이자 미국 제일의 독서운동가로도 유명하다. 이제는 '미국에서 가장 부유하고 가장 성공한 흑인 여성'이라는 이름을 넘어 세계에서 가장 영향력 있는 여성으로서 수많은 여성 및 청소년들의 롤 모델이 되고 있다.

> "솔직한 것은 부끄러운 게 아니라
> 타인을 이해하기 위한 시작이다!"

고통 속에 살아야 했던 어린 시절, 책을 통해 꿈을 키우다

1954년 1월, 미국 미시시피의 작은 시골 마을. 성경에 나오는 이름을 따서 지은 '오파(Orpah)'라는 여자 아이가 태어난다. 하지만 식구들은 발음이 어렵다며 p와 r을 바꿔 그녀를 '오프라(Oprah)'라고 불렀고 결국 그것이 이름이 되어 우리가 잘 아는 '오프라 윈프리'가 된다.

오프라 윈프리의 집은 너무나 가난했고, 너무 어린 나이에 오프라 윈프리를 낳은 탓에 딸을 기를 수 없었던 어머니는 아기를 할머니에게 맡기고 미시시피를 떠나버리고 만다. 사생아로 남겨진 오프라 윈프리는 시골 농가에서 외할머니와 함께 자라게 되는데, 어찌나 가난했는지 옷을 살 돈이 없어 감자부대로 옷을 해 입었을 정도였다. 하지만 할머니는 어린 외손녀에게 항상 "조금이라도 더 강한 사람이 약한 사람들을 도와야 한다"고 가르치며 그녀가 기죽지 않도록 애썼다.

할머니는 세 살 때 그녀에게 글을 가르쳐주었고, 금세 책을 읽게 된 오프라 윈프리는 책 속에서 꿈과 희망을 찾았다. 비록 몸은 미시시피의 작은 농장 안에 있었지만 책 속에서 펼쳐지는 수많은 세계와 상상의 공간 속을 체험하면서 "눈에 보이는 것이 전부가 아니야. 난 반드시 나중에 큰 사람이 될 거야." 하며 꿈을 키워갔다. 책은 그녀에게 전부였고 훗날 말했듯 그녀를 '자유로 이끌어준 길'이 되었다.

그녀는 어릴 적부터 유난히 말을 잘했다. 혼자서 놀 때도 늘 재잘거리기를 좋아했고, 인형이나 농장의 까마귀들 앞에서 일장 연설을 하기도 했다. 교회에서는 별명이 '목사'였다. 어린 꼬마가 언제 익혔는지 성경 구절을 달달 외워서 적재적소에 사용했기 때문이다. 부활절이 되면 많은 신도들 앞에서 성경구절을 암송해 칭찬을 받았고, 이런 손녀가 기특한 할머니는 동네방네 다니며 자랑을 했다. 많은 사람들 앞에서 말을 하는 순간만큼은 그녀에게 천국과 같았다. 오프라 윈프리에게 그것은 세상에서 가장 즐거운 일이었고, 그때만큼은 자신이 특별한 사람이라는 뿌듯함을 느낄 수 있었다.

하지만 그러한 행복도 잠시, 오프라 윈프리가 여섯 살이 되던 해 어머니가 딸을 데리러 오면서 또다시 불행한 삶이 시작된다. 어머니와 함께 살게 되긴 했지만 여전히 형편이 너무 어려워 어머니는 늘 남의 집 일을 해야만 했고 딸에게는 신경 쓸 여유조차 없었다. 그녀는 낮엔 늘 혼자 지냈고 마음껏 책을 읽을 수도 없는 환경이어서 마음은 답답하기만 했다.

곧 동생들이 태어나 생활은 더욱 힘들어졌고, 설상가상으로 그녀에게는 감당할 수 없는 힘든 일이 일어났다. 열아홉 살 난 사촌 오빠에게 성폭행을 당한 것이다. 그뿐이 아니었다. 이후 집안을 드나들던 남자들도 그녀를 성폭행했고 이 힘겨운 시간은 몇 년이나 계속되었다. 오프라 윈프리는 너무나 겁에 질리고 부끄러웠지만 그 누구에게도 말할 수 없었다.

어른들도 감당하기 힘든 일들을 십대 초반에 연달아 겪으며 그녀는 이루 말할 수 없는 좌절감을 느꼈다. 학교에서는 월반을 할 정도로 공부를 잘했지만 가난은 늘 그녀를 괴롭혔고, 혹시 누가 자신의 비밀을 알아채기라도 할까 두려워 마음 놓고 친구들을 사귀지도 못했다. 배가 조금이라도 아프면 '혹시 임신이 아닐까?' 전전긍

궁해야 했다. 게다가 백인들은 대놓고 흑인을 멸시했다. 오프라 윈프리는 사방이 꽉 막힌 느낌이었다. 그럴 때마다 그저 교실 한구석에 앉아 혼자 조용히 책을 읽을 뿐이었다.

그 누구에게도 기댈 수 없고 터놓고 말할 곳이 없었던 그녀는 점점 반항아가 될 수밖에 없었다. 거짓말을 밥 먹듯 하고 어머니의 지갑에 손을 댔다. 며칠씩 집을 나가고 그런 자신을 이해 못하는 어머니와 매일 싸워댔다. 하루도 조용할 날이 없었다. 이 모든 것은 '나도 사랑 받고 싶어요!'라고 보내는 그녀의 필사적인 몸부림이었지만, 그 누구도 그녀를 이해해주지 못했다.

서로를 이해하기가 힘들었던 어머니는 딸을 아버지에게 보냈고, 오프라 윈프리는 아버지와 함께 지내게 되었다. 얼마 후 그녀는 안타깝게도 자신이 임신한 사실을 알게 되었고 몇 달 후 미혼모가 되었지만, 그 아이조차 곧 세상을 떠나버리고 만다. 그녀는 몸과 마음이 너무나 지쳤다. 가난한 어린 시절과 성폭행, 이제 자신의 비참한 상황까지…… 누구에게도 쉽게 털어놓을 수 없는 비밀들만 더욱 늘어난 것이다.

솔직한 진행으로 3류 토크 쇼를 시청률 1위로 만들다

다른 평범한 십대 소녀였다면 이러한 절망 속에서 좌절하고, 더욱 빗나갔을지도 모른다. 하지만 다행히 오프라 윈프리의 아버지는 어머니와 달리 그녀에게 많은 신경을 써주었다. 딸이 계속되는 상처에 스스로를 포기하지 않도록 바른 길로 잡아주려 노력했다. 올바른 길에서 어긋나려 하면 곧장 그녀를 앉혀놓고 "자신의 삶은 스스로 책임져야 하는 거야."라고 말하며 마음을 다독였다. 태어나 처음으로 누군가 자신을 이끌고 지켜준다는 사실에 감동한 오프라 윈프리는 조금씩 어두운 기억을 떨쳐내고 일어서기 시작했다.

학교생활에도 적응해 성적도 오르고, 어릴 때처럼 다른 사람들 앞에서 말을 하기 시작했다. 스피치 클럽에 가입해 웅변대회에서 우승도 하고, 거기서 받은 장학금으로 4년 동안 등록금 없이 대학을 다닐 수 있었다. 이 무렵 오프라 윈프리의 꿈은 '여배우'가 되는 것이었다. 그래서 '미스 소방 콘테스트'에 참가해 1위를 했고, 이듬해에는 '미스 블랙 테네시'에도 뽑혔다. 그녀는 미모보다 재치 있는 입담으로 심사위원들을 사로잡았다. 얼마 후 지방 라디오 방송국에서 그녀에게 파트타임으로 뉴스를 진행해달라는 제안이 왔고, 그 제안을 받아들이면서 그녀는 이제 여배우가 아닌 '방송인'으로서의 꿈을 키워가기 시작했다. 어릴 적부터 사람들 앞에서 말하기를 좋아했던 그녀가 그 제안을 마다할 이유가 없었다.

그리고 얼마 후 그녀는 대학교 3학년, 겨우 열아홉이라는 나이에 지방 TV의 주말 뉴스 앵커에 스카우트가 된다. 지방 방송 역사상 가장 어린 나이였고 흑인 여성이 앵커 자리에 앉은 것도 처음이었다. 방송이야말로 자신이 가야 할 길이라고 확신한 그녀는 아예 대학도 그만두었다. 그리고 그녀는 얼마 지나지 않아 미국에서 열 번째로 큰 도시의 지역방송국인 WJZ-TV에서 뉴스 앵커 자리를 제안받았고 놓칠 수 없는 기회라 생각한 그녀는 흔쾌히 제안을 받아들였다.

하지만 그녀는 방송을 하면 할수록 힘들었다. 앵커를 하려면 뉴스를 객관적으로 보도해줘야 하는데, 그런 사건과 사고들을 남의 일로만 생각할 수가 없었던 것이다. 철저한 준비보다는 그때그때 순발력을 발휘하는 식으로 진행을 해오던 오프라 윈프리는 고정된 형식의 뉴스가 답답하기만 했다. 그녀는 다른 앵커와는 달리 사고 소식을 전하다 눈물을 줄줄 흘리기도 하고, 원고에도 없는 멘트를 하는 바람에 몇 번이나 경고를 받기도 했다.

결국 2년 만에 오프라 윈프리는 뉴스 앵커에서 리포터로 강등되었지만 리포터로 취재를 나가서도 슬픔에 빠진 사람들에게 마이크를 들이미는 짓을 도저히 할 수 없어 머뭇거리기만 했다. 그녀는 정말 잘리기 일보 직전이었다.

하지만 그녀에게도 절호의 기회가 찾아왔다. 자신의 장점을 살릴 수 있는 기회. 마침 WJZ-TV의 국장이 바뀌면서 30분짜리 토크 쇼가 새로 만들어졌다. 〈피플 아 토킹(People Are Talking)〉이라는 프로그램이었는데, 새로운 국장은 남자 호스트와 짝을 이룰 여자 진행자로 오프라 윈프리를 지목했다. 그녀의 감성적이고 솔직한 진행이 이 토크 쇼와 잘 맞을 것이라 보았기 때문이다.

결과는 적중했다. 방청객은 물론 시청자들 또한 사람을 휘어잡는 오프라 윈프리의 말솜씨와 친근한 태도를 좋아했다. 오프라 윈프리는 토크 쇼 첫 방송을 마친 후 "내가 할 일을 찾았구나."라고 작게 중얼거렸다. 드디어 제대로 길을 찾은 것이었다.

5년 후. 〈피플 아 토킹〉의 PD 중 한 명이 시카고 방송국으로 가서 〈AM 시카고〉라는 방송을 맡게 되었다. PD는 오프라 윈프리가 그 토크 쇼의 진행을 해주길 원했다. 그때는 〈도나휴 쇼〉가 시카고 최고의 인기 프로그램이라 사실 30분짜리 아침 토크 쇼인 〈AM 시카고〉는 그냥 시간 때우기나 다름없었기에 차라리 〈피플 아 토킹〉을 진행하는 편이 나았다. 하지만 오프라 윈프리는 미국에서 세 번째로 큰 도시에서 단독 호스트를 맡을 기회를 놓칠 수 없다고 생각하고 과감하게 시카고로 떠났다.

혼자서 진행을 하게 된 오프라 윈프리는 전보다 더 확실하게 시청자들을 사로잡았다. 비로소 그녀의 진행 스타일이 진가를 발휘하기 시작한 것이다. 그는 초대 손님의 잘잘못을 따지거나, 대부분의 진행자들이 하듯 톡 쏘아대며 상대를 난처하게 만드는 질문은 하지 않았다. 그냥 보통 사람이 물어볼 수 있는 것들을 물었다. 평범하고 소소한 질문들이었지만 모든 사람들이 공감하는 그 내용들은 잔잔한 감동을 불러일으켰다.

오프라 윈프리의 토크 쇼는 6개월도 안 되어 시청률 1위에 올라섰다. 흑인 여성에 펑퍼짐한 몸매의 오프라 윈프리가 명실상부 1위였던 백인 남성 호스트 '필 도나휴'를 제친다는 것은 누구도 예상치 못한 결과였다. 〈AM 시카고〉는 〈오프라 윈프리 쇼〉로 이름을 바꾸고 1시간으로 편성을 늘렸다. 그리고 1986년. 그녀는 〈AM 시카고〉에 출연했던 영화 평론가 로저 에버트와 손잡고 시카고가 아닌 전국 방송이 가능한 쇼를 시작하게 된다.

자신의 이름을 건 첫 방송. 유명 연예인을 섭외하려 했지만 쉽지 않았던 그녀는 과감하게 주제의 방향을 틀었다. 유명 연예인을 초청해 이야기를 나누는 대신 "만약 상대를 내 마음대로 고를 수 있다면 당신은 어떤 사람과 결혼하겠는가?"라는 평범하면서도 누구나 관심을 가지는 주제로 첫 회를 꾸민 것이다. 시작부터 대박이었다.

"나처럼 여러분도 자신을 바꿀 수 있습니다."

쇼는 계속해서 인기를 끌었고, 매번 주제들은 무척 흥미롭거나 사람들의 마음을 잘 어루만져주는 내용들이어서 오프라 윈프리의 영향력은 점점 더 커져갔다.

그러던 어느 날, '어린이 성폭행'이라는 주제로 이야기를 나누게 되었다. 어릴 적 성폭행을 당한 여성들이 초대 손님으로 나와 끔찍했던 기억을 털어놓았고, 오프라 윈프리는 따뜻하게 그 이야기를 들어주며 그들을 위로해주고 있었다. 그러자 전국 각지에서 자신도 그런 일을 당했다는 여성들의 전화가 빗발치기 시작했다. 그 중 한 초대 손님이 그날의 기억이 사무치는지 울먹이기 시작했다. 그러자 그것을 지켜보던 오프라 윈프리가 갑자기 울음을 터뜨리는 것이었다. 그리고 떨리는 목소리로 "저도 똑같은 일을 겪었어요."라고 말했다.

순간 스튜디오 안에는 정적이 감돌았다. 연출자도 전혀 몰랐던 돌발 상황이었다. 오프라 윈프리는 후일 "나도 모르게 그 말이 입에서 튀어 나왔어요. 하지만 오히려 마음이 편안해졌습니다."라고 고백했다. 시청자들은 오프라 윈프리의 솔직함에 격려를 보냈다. 오프라 윈프리는 10년 넘게 자신을 짓눌렀던 상처들을 비로소 떨쳐내게 된 것이다.

전형적인 토크 쇼의 틀을 깨버린 오프라 윈프리는 순식간에 전국 시청자들을 사로잡았다. 대부분의 호스트들이 원활한 진행을 위해 초대 손님이 어떤 얘기를 해도 평정심을 가지려고 노력하는 반면, 오프라 윈프리는 달랐다. 초대 손님이 슬픈 사연을 얘기하면 함께 눈물부터 흘렸고, 꼭 안아주기도 했다. 그래서인지 오프라 윈프리의 초대 손님은 그가 유명인이든 일반인이든 이상하게도 가슴에 꼭꼭 감춰두었던 이야기들까지 술술 풀어내곤 했다.

오프라 윈프리 역시 자신의 이야기를 감추지 않고 털어놓았다.

"전 불우한 가정환경에서 태어나 어린 나이에 성폭행을 당하고 자존감에 너무나 큰 상처를 입었어요. 그 상실감을 이길 수 없어 닥치는 대로 먹어댔죠. 그리고 어느새 난 100kg이 넘는 몸을 가진 여자가 되어 있었어요. 100kg이라니 세상에! 그게 어디 여자인가요? 그래서 전 다이어트를 시작했어요. 온갖 방법을 다 써봤죠. 30kg이 한 번에 빠졌다가, 다시 40kg이 찌기도 했어요. 다이어트는 정말 어려운 거예요. 그렇지 않아요, 여성 여러분?"

실제로 온갖 다이어트 방법을 직접 체험한 오프라 윈프리는, 5개월 동안 30kg을 감량한 후 그만큼의 지방을 수레에 싣고 방송에 나타나 모든 사람들을 깜짝 놀라게 하기도 했다. 그녀의 다이어트는 곧 만인의 관심사가 되었고, 여성들은 늘 다이어트 때문에 고민하고 있었기 때문에 자신을 이해해주는 오프라 윈프리를, 여성들은 더욱 친근하게 느끼고 좋아했다.

오프라 윈프리의 진행은 정말 재미있었다. 시청자들은 그녀의 솔직한 이야기에 감동을 받았고, 그녀와 초대 손님이 하는 이야기를 들으며 울고 웃다 보면 카타르시스마저 느낄 수 있었다. 사람들은 이를 '집단 심치 치료효과'라고 불렀다. 사람들이 속마음을 털어놓으면서 치유가 되고 그것을 보는 사람들의 마음도 위로를 받기 때문이었다.

이제 〈오프라 윈프리 쇼〉는 전 미국을 하나로 묶는 가장 강력한 프로그램으로 자리를 잡았다. 한 번에 4,900만 명의 시청자를 불러 모았을 정도였다. 토크 쇼 시청률로는 미국 방송 역사상 최고였다. 1980년대는 완벽한 오프라 윈프리의 시대였다.

마술의 화법을 가진 여자, 오프라 윈프리는 미국에서 가장 유명한 사람이 되었다. 1995년에는 미국 400대 부자 중에 흑인으로는 유일하게 이름을 올렸다.

1990년대가 되자, 이제 오프라 윈프리는 뭔가 새로운 일을 해야 한다고 느꼈다.

'이제 사람들의 고백을 받는 것만으로는 충분치 않아. 가슴속에 응어리진 것을 해결하려면 쏟아내기만 할 것이 아니라 채워 넣기도 해야 해.'

이제 오프라 윈프리는 토크 쇼의 주제를 개인적인 것에서 사회적인 것으로 확대했다. AIDS, 기부, 명상, 정치 등 좀 더 사람들의 삶에 직접적인 영향을 미치는 이슈들을 다루기 시작했다. 연예인들을 초대해 사생활이나 작품 외에 정치, 사회적 이슈에 대해 묻기도 했다.

동시에 어릴 적 자신의 유일한 탈출구였던 책도 다시 집어 들었다. 세상살이에서 겪는 여러 어려움을 스스로 극복하는 데는 책만한 게 없었기 때문이다. 오프라 윈프리는 '북클럽'을 만들어 좋은 책들을 소개했다. 〈오프라 윈프리 쇼〉에 소개되는 책들은 방송 즉시 베스트셀러가 되었다. 이런 현상은 비단 책만이 아니었다. 그가 방송에서 다루기만 하면 뭐든지 대박이 났다. 오프라 윈프리 쇼에 몇 번 출연했다가 아예 자신의 토크 쇼를 하게 된 사람도 여럿이었다. 그야말로 '오프라 효과'였다. 오프라 윈프리의 말 한마디가 갖는 파워는 상상 이상이었다.

오프라 윈프리는 삶의 밑바닥에서 출발해 성공의 정점에 선 자신처럼 다른 사람들도 변할 수 있다고 생각했다. 나아가 이 세상도 더 살기 좋은 곳으로 바꿀 수 있다고 믿었다. 할 수만 있다면 많은 사람들이 마음을 모아 그 일에 함께하기를 바랐다. 그리고 그러한 바람을 실행으로 옮기기 시작했다.

TV 프로그램을 통해 과거의 어려움을 딛고 새로운 인생을 살고 있는 사람들을 소개하고 지원해주었으며, 과거의 자신처럼 부모로부터 제대로 보호를 받지 못하는 이들을 돕는 데도 적극 나섰다. 또한 어린이보호법을 제정하는 데도 참여했고, 동성애자들을 돕고 전 세계적인 모금 운동을 벌여 경제적으로 어려움을 당하는 전 세계의 소년, 소녀들을 도왔다.

그녀는 4,000만 달러(약 423억 원)을 들여 남아프리카의 고아 소녀들을 위해 '오프라 윈프리의 소녀 리더십 아카데미'를 열었다. 그녀는 "나에게 152명의 딸이 생겼어요!"라며 기뻐했다. 그리고 그 어린 소녀들에게도 자신의 힘들었던 과거를 솔직하게 털어놓으며, 서로의 상처를 어루만지고 돌보기 시작했다.

진실은 통하게 되어 있다!

〈오프라 윈프리 쇼〉가 사회적 이슈들을 다루기 시작하면서 논란도 많아졌다. AIDS, 동성애, 총기소지 등 워낙 첨예한 사안을 다루다 보니 반대 의견을 가진 사람들도 많았고 자칫 별 생각 없이 한 말이 일파만파 커지기도 십상이었다.

어느 나라나 대부분 방송이나 미디어에 종사하는 사람들은 자신의 말이 논란을 빚으면 일단 물의를 일으킨 데 대해 사과하는 것으로 마무리를 지으려 한다. 해명해봤자 문제만 더 커질 것이기 때문이다.

하지만 오프라 윈프리는 논란을 피하지 않았다. 정당한 비판에는 공개적으로 맞섰다. 자신이 그렇게 말을 했던 데는 충분한 이유가 있었고 잘못했다고 생각하지 않으면서 사과하는 것은 솔직하지 못하다고 생각했기 때문이다.

반면 실수를 했거나 정말 잘못했다고 생각한 일에는 공식적으로 진심을 담아 사과를 했다.

"제가 실수를 했습니다. 의도적으로 거짓을 말한 것은 아니지만 결과적으로 시청자 여러분에게 진실이 잘못 전달되었고 이것이 여러분의 마음을 상하게 했습니다. 이 문제에 대해 이의를 제기한 여러분이 절대적으로 옳습니다."

영향력이 큰 만큼 그녀의 말이나 행동은 가는 곳마다 큰 이슈거리가 되었지만, 이미 그녀는 미국을 대표하는 인물임에는 틀림없었다. 또한 〈오프라 윈프리 쇼〉를 보고 인생이 바뀌었다고 하는 사람들이 속속 늘어나면서 더욱 그녀에 대한 지지는 높아졌다.

'처음에는 단지 오프라 윈프리의 수다를 좋아했지만 그녀의 쇼를 통해 세상을 보게 되었고 잘못된 생각을 바로 잡게 됐어요.', '쇼를 통해 좋은 책들을 접하게 되었고 그것을 읽고 삶의 많은 부분이 바뀌었어요.', '마사 스튜어트가 미국인의 생활을 바꾸었다면, 오프라 윈프리는 미국인의 생각을 바꿔놓았어요.'……. 타임지를 비롯한 각종 미디어에서는 오프라 윈프리를 '세계에서 가장 영향력 있는 여성, 20세기 가장 위대한 여성' 리스트의 맨 위에 올려놓았다.

2008년 미국 대통령 선거는 오프라 효과가 어디까지 미칠 수 있는지를 여실히 보여주었다. 대선이 있을 때마다 공개적인 지지를 요청 받았던 오프라 윈프리는 한 번도 특정 후보를 지지하거나 반대하지 않았다. 하지만 이번에는 달랐다. 버락 오바마 일리노이 상원의원이 미국 최초의 흑인 대통령에 도전한 것이다.

버락 오바마는 오프라 윈프리에게 그냥 대통령이 아니었다. 불우한 어린 시절을 극복하고 흑인으로서 미국의 대통령에 도전한 것이었다. 버락 오바마는 또 다른 오프라 윈프리나 마찬가지였다. 이제 자신이 나서야 할 때라고 생각한 그녀는 누구보다 적극적으로 움직이기 시작했다. 후보로 나가기 전부터 버락 오바마를 눈여겨 본 오프라 윈프리는 그를 두 번이나 〈오프라 윈프리 쇼〉에 초대해 대중들에게 각인시켰다. 그리고 그가 대선에 나서자 공개적인 지지를 선언했고 거액의 선거 자금을 모아주었다.

무명의 흑인 정치인이었던 버락 오바마가 미국 최초의 흑인 대통령이 될 수 있었던 데에는 오프라 윈프리의 지지가 엄청난 영향을 주었다. 버락 오바마가 미국 최초의 흑인 대통령에 당선된 날 오프라 윈프리는 "희망이 승리한 기분이다. 우리 생에 다시없을 엄청난 일이 일어났다"며 눈물을 흘렸다.

〈오프라 윈프리 쇼〉를 통해 엄청난 지지와 영향력을 얻게 되었지만 오프라 윈프리는 이제 더 큰 꿈을 향해 나아가야 할 때라고 생각했다. 이미 그녀의 머릿속에는 자신의 이름을 딴 방송국을 만들어 미디어의 미래를 만들어나가겠다는 꿈이 그려지고 있었다. 그리고 2011년 5월, 25년 동안 진행했던 〈오프라 윈프리 쇼〉를 스스로 마감한 오프라 윈프리는 'OWN'이라는 방송 채널을 을 통해 더 많은 이들을 만날 준비를 하고 있다.

그녀의 꿈은 비단 자신의 말이나 행동으로 사람들과 상처를 논하거나 단순한 쾌락을 추구하는 것이 아니라 진정성 있는 방송과 콘텐츠를 통해 꿈과 희망, 용기를 안겨주겠다는 목적이 담겨 있었다. 그리고 그 꿈이 실현되기까지 더욱 진실된 모습으로 사람들과 소통하겠노라고 다짐했다.

"진실은 통하게 되어 있다. 솔직한 마음으로 사람에게 다가선다면 그 사람의 마음을 진심으로 들여다보고 이해할 수 있다. 그것이

내 성공의 시작이자 모든 것이다."

그녀의 이러한 생각은 지금도 실현되고 있다. 그녀는 이제 '토크 쇼의 여왕'을 넘어 '미디어의 여왕'으로서 미국이 아닌 전 세계적으로 가장 영향력 있고 리더십 있는 여성으로 이야기되어진다.

솔직하고 진실 된 태도로 전 세계를 감동시킨 오프라 윈프리

〈오프라 윈프리 쇼〉는 25년 동안 방송되며 토크 쇼 시청률 1위를 한 번도 놓치지 않았어요. 오프라 윈프리의 어떤 점이 그런 엄청난 롱런과 대박을 동시에 일궈낸 것일까요?

오프라 윈프리가 성공할 수 있었던 것은 단지 말을 잘했기 때문만은 아닐 거예요. 그 비밀은 바로 다른 사람의 이야기를 자신의 이야기처럼 공감할 줄 알았기 때문이죠. 고생을 해본 사람만이 타인의 고통을 진정으로 이해할 수 있다고 하잖아요. 오프라 윈프리는 "인간은 모두 같은 걸 원하고 나는 그걸 알고 있을 뿐이다."라고 말했어요. 자신의 실패와 좌절을 성공의 밑거름으로 삼았고 그걸 가감 없이 털어놓고 나아갔기 때문에 많은 사람들의 마음과 교류할 수 있었던 거죠.

초대 손님에게도, 방청객에게도, 시청자들에게도 결코 자신을 감추지 않았어요. 누구에게나 숨기고 싶은 일들이 있잖아요. 부끄러운 과거, 실패와 실수, 마음속의 감정과 생각들……. 하지만 오프라 윈프리는 그것을 솔직하게 드러내는 것이 큰 무기가 될 수 있다는 걸 자신의 토크 쇼를 통해 깨달았어요. 진실 된 마음으로 다가갈 때 그것은 통하게 되어 있다는

Oprah Gail Winfrey

것을요. 많은 사람들이 오프라 윈프리를 꿈꾸지만 결코 그렇게 될 수 없는 것도 바로 이 때문일 거예요.

또한 그녀는 흑인, 여성, 가난이라는 3가지 고통을 이겨내고 최고의 자리에 올랐지만 거기서 멈추지 않았어요. 그 성공을 발판으로 자신과 같은 어려움을 겪고 있는 사람들을 돕고자 했죠. 세상으로부터 버려진다는 것이 얼마나 무섭고 힘든 일인지 누구보다 잘 알았던 그녀는, 자신의 쇼를 통해서, 또 직접적인 후원과 발로 뛰는 실행을 통해서 전 세계의 소녀들을 돕기 위해 노력했고, 지금도 그 노력은 계속되고 있답니다.

최악의 상황을 극복하고 어렵게 이룬 성공, 그것을 더 많은 이들과 함께 나누려고 하는 오프라 윈프리의 모습에서 우리는 그 자체만으로도 꿈과 희망을 발견할 수 있어요. 그리고 그 모든 성공의 바탕에는 '진솔함'이라는 덕목이 바탕이 되어 있었기 때문일 거예요. 오프라 윈프리야말로 성공을 꿈꾸는 모든 여성들에게 최고의 모델이 아닐까요?

나도 오프라 윈프리처럼!

"힘든 일일수록 감추지 말고 드러내보세요!"

이미 일어난 일을 감춘다고 해서 사라지지는 않아요. 숨기면 숨길수록 더 마음은 괴롭기만 하죠. 불행했던 과거, 감추고 싶은 나만의 비밀, 부끄러운 순간들, 실수와 실패……. 이런 것들이 당신의 이미지를 나쁘게 만들 것 같아 두렵나요? 그렇지 않아요. 스스로 먼저 그 아픔을 인정하고 드러내보세요. 뜻하지 않은 불행은 누구에게나 찾아올 수 있고 실수는 누구나 할 수 있으니까요. 힘든 일일수록 감추지 말고 솔직하게 드러낼 때 그 아픔은 반이 되고, 그때부터 치유가 시작되고 고통으로부터 자유로워지는 거랍니다.

8

불가능하니까 도전하라, 실패도 두려워하지 말고

도전, 또 도전 끝에 최고의 여비행사가 된 아멜리아 에어하트
Amelia Mary Earhart

"Women, like men, should try to do the impossible.
And when they fail, their failure should be a challenge to others."

남자든 여자든 불가능하다고 여겨지는 일에 도전해야 한다.
만일 실패하더라도 그 실패는 또 다른 누군가에게 새로운 도전이 될 것이다.

불가능한 일에 도전해보기

내 인생에서 최고의 도전을 꼽으라고 한다면 아마 1997년 뉴질랜드에서 해본 번지점프일 거야. 처음엔 설레는 마음으로 갔지만 막상 내 차례가 되자 정말 눈앞이 아찔했어. 30미터도 넘는 저 아래 강물은 영원히 닿지 않을 것처럼 멀기만 했지. 시간을 끌수록 너무 무서울 것 같아 "하나, 둘, 셋!"을 외치고는 냅다 뛰어내렸어. 몸안의 모든 것이 튀어나올 것만 같았지만 금세 기분이 굉장히 좋아지더라고. 짜릿하고, 뭔가 해냈다는 성취감도 대단했어.

그때 깨달았어. '도전하기 힘든 것일수록 성취감은 훨씬 더 커진다'는 것을. 이 세상에는 위험을 무릅쓰고, 심지어는 목숨을 걸고 도전에 나서는 사람들도 많이 있단다. 단지 즐기기 위해서가 아니라 목표를 이루고, 한계를 뛰어넘기 위한 경우도 많이 있어.

이렇게 '도전'이라는 말을 떠올리면 가장 대표적으로 생각나는 사람이 있어. 바로 아주 오래 전, 라이트 형제가 비행기를 발명한 지 얼마 되지 않았던 그때 하늘을 나는 것에 도전했던 최초의 여성, '아멜리아 에어하트'야. 미국에서 태어난 아멜리아 에어하트는 너무나 위험하고, 죽을 수도 있는, 더구나 여자들에게는 육체적으로나 심리적으로 거의 불가능하다고 여겨졌던 비행에 도전했어.

그녀에게는 대서양을 횡단하겠다는 목표가 있었지. 처음에는 남자들과 함께, 나중에는 혼자서 도전을 했어. 그녀의 도전정신은 웬만한 남자도 따라갈 수가 없었지. 그리고 세계일주 비행에 도전하던 중 태평양 상공에서 안타깝게 사라지고 말았어. 지금도 그 이야기는 전설처럼 남아 있단다.

아멜리아 에어하트가 지금까지도 대단한 여성으로 기록된 것은 단지 대서양을 횡단 비행한 최초의 여성이기 때문만은 아닐 거야. 그보다는 모두들 "불가능해!"라고 말했던 일에 기꺼이 도전해서, 숱한 어려움에도 불구하고 목표를 이루어냈기 때문일 거야. 위험하다는 것을 알면서도 도전한다는 건 충분히 존경받을 만한 일이잖아.

인생은 정말 도전의 연속이란다. 위험을 감수하지 않는다면 얻어지는 것도 그만큼 적을 거야. 여러분도 앞으로 아멜리아 에어하트처럼 실패가 두려워 도전의 순간들을 놓치지 않았으면 해. 남들이 못하는 것, 다들 힘들다는 것에 도전할 때만이 더 큰 성공을 얻을 수 있는 거란다.

그러면 그녀의 위대한 도전 이야기, 우리 함께 볼까?

아멜리아 에어하트 *Amelia Mary Earhart*
대서양을 횡단한 최초의 여성 비행사

1897년 미국 캔사스에서 태어나 활발하고 모험심 많은 아이로 자라났다. 불가능을 깨고 한계에 도전한 여성 리더들을 롤 모델로 삼고 꿈을 찾던 중 하늘을 나는 것이 자신의 운명이라 생각하고 남자들도 힘들다는 비행에 도전한다. 스물여섯 살에 세계에서 열여섯 번째로 여성 파일럿이 되었고, 대서양을 혼자서 비행한 최초의 여성이 되었다. 마흔에 세계일주 비행에 도전해 '창공의 여왕'이라는 별명을 얻었으며, 세계일주 비행 중 실종되어 아직도 그 흔적을 찾지 못한 채 영원한 전설로 남아 있다. 죽음을 두려워하지 않고 도전 그 자체를 즐기고 꿈을 향해 거침없이 나아간 여성으로서 파일럿은 물론 모든 여성에게 영웅이 되었다.

"젊은 날의 도전은 그 자체만으로도 가치 있는 일이다."

유난히 모험을 좋아했던 말괄량이 소녀

"엄만 너희들이 꼭 요조숙녀처럼 자라나야 한다고 생각하지 않아. 마음껏 뛰어놀고 해보고 싶은 건 얼마든지 하면서 꿈을 키워 가보렴!"

아멜리아 에어하트는 1897년 미국 캔사스주에서 태어났는데, 그녀의 부모님은 두 딸을 자유분방하게 길렀다. 특히 어머니는 아이들을 학교에 보내지 않고 집에서 자기 식대로 교육했다. 당시 상류층 집안의 여자 아이들이 '얌전한 꼬마 아가씨'가 되어야 한다고 배우던 것과 달리 두 자매는 남자 아이들처럼 마음껏 뛰어놀 수 있었다. 다른 집 여자 아이들은 치마를 입어야 했지만 두 자매는 활동하기 편하도록 늘 무릎길이 바지를 입었다. 두 아이 모두 구김살이 없었으며 특히 외향적인 천성을 타고난 아멜리아 에어하트는 모험을 좋아했다.

아멜리아 에어하트는 동생을 데리고 동네 산과 들로 몇 시간씩 탐험에 나서곤 했다. 나무에 올라가는 것은 기본이고 벌레, 나방, 방아깨비, 개구리 등을 수집하기도 했다. 심지어 들쥐를 잡은 적도 있었다. 그날 할 모험을 생각해내는 건 언제나 언니인 아멜리아였고, 그날의 모험을 주도하는 것도 늘 아멜리아였다. 아멜리아 에어하트는 통 겁을 내는 일이 없었다. 누구의 가르침이나 통제 없이 스스로 무언가를 꾸미고 행동에 옮기며 남들이 하지 않는 일을 해내는 데서 성취감을 느끼는 모험가로서의 자질이 저절로 길러진 셈이었다.

낮에는 모험가였던 아멜리아 에어하트는 밤에는 독서광이었다. 열두 살까지 외가에서 사는 동안 집에서는 늘 커다란 서재에서 지냈다. 책 속에서 펼쳐지는 이야기들은 낮에 한 놀이들과 더불어 아멜리아 에어하트에게 남다른 모험심을 길러주었다.

어느 날, 아멜리아 에어하트는 세인트 루이스로 가족 여행을 떠나게 되었다. 대도시의 활기찬 모습은 어린 아멜리아 에어하트에게 일종의 문화적 충격이었다. 특히 놀이공원에서 처음 본 롤러코스터! 그녀에게는 정말 잊을 수 없는 장면이었다.

"이렇게 그렇게 빨리 움직이는 기차는 처음 봐!"

너무 재미있을 것 같았지만 나이가 어려 탈 수 없었다.

아멜리아 에어하트는 집으로 돌아와 롤러코스터를 직접 만들어 보기로 했다. 창고 지붕부터 땅까지 경사로를 만들고 나무 상자를 타고 내려오면 롤러코스터와 비슷한 기분을 느낄 수 있을 거라는 생각이었다. 아멜리아 에어하트는 외삼촌의 도움을 받아 경사로를 만든 다음 바닥을 미끄럽게 칠한 작은 상자를 들고 지붕으로 올라갔다. 그리고 일 초의 망설임도 없이 창고 지붕을 미끄러져 내려갔다. 상자는 순식간에 땅으로 곤두박질쳤다. 부서진 상자 더미에서 몸을 일으킨 그녀는 입술이 터지고 옷은 여기저기 찢어진 채였다. 하지만 그녀는 동생에게 기쁨에 차 소리를 질렀다.

"봤어? 꼭 하늘을 나는 것 같았다니까!"

그것은 아멜리아 에어하트의 첫 비행이었다. 하늘을 나는 쾌감, 혼자서 하늘에 떠 있다는 두렵고도 홀가분한 기분, 자신이 타고 있는 기기를 조정해야 한다는 목적의식, 그리고 안전하게 착륙해야 한다는 절박함까지…… 찰나의 시간 동안 모두 경험할 수 있었다. 비행을 마쳤을 때의 안도감은 물론이었다. 그날 이후 아멜리아 에어하트는 하늘을 모험의 대상으로 바라보기 시작했다. 언젠가는 정말로 하늘을 날아보고 싶다는 생각이 머릿속을 떠나지 않았다.

비행기 조종사, 남자들만 도전하는 것이라고?

너무나 명랑하고 활발했던 어린 시절과는 달리, 고등학생이 되면서 아멜리아 에어하트는 늘 표정이 어두웠고 친구도 없었다. 유일한 관심은 여학생들이 가장 싫어하는 과학이었고, 학교도 과학 수업과 실험시설이 좋은 곳을 선택해 다녔다. 그녀의 졸업 앨범을 보면 '갈색 옷을 입고 혼자 걷고 있는 소녀'라는 설명이 붙어 있을 정도로 그녀의 모습은 달라졌다.

그녀가 이렇게 변한 것에는 이유가 있었다. 어린 시절 동안은 외가에서 유복하게 지낼 수 있었지만 그것도 잠시, 아멜리아 에어하트는 곧 결손 가정에서 지내게 되었다. 아버지는 알코올 중독에 빠져 늘 힘겨워했고, 그로 인해 집안 형편은 너무나 나빠졌다. 결국 함께 살기가 힘들어진 가족은 뿔뿔이 흩어지게 되었고, 아멜리아 에어하트는 어머니, 여동생과 함께 살게 되었다.

이러한 환경은 그녀가 자신의 꿈을 키워나가는 데 큰 장애가 되었고, 밝은 어린 시절과는 달리 어둡고 외로운 아이로 보이게 했다. 하지만 속마음은 정반대였다. 티를 내지는 않았지만 신문에서 성공한 여성들의 기사를 스크랩하며 자신도 그런 여성이 되겠다는 꿈을 가졌다. 현실은 어렵지만 미래에 대한 꿈은 절대 놓치지 않겠다고 밤마다 다짐했다. 특히 아멜리아 에어하트가 끌렸던 인물은 주로 남자들만이 할 수 있다는 고정관념을 깨고 두각을 나타낸 여성들이었다. 자신에게 주어진 일만 잘하는 것이 아니라 남들이 '도저히 할 수 없다'고 생각하는 분야에서 통념을 뒤엎고 도전해 성공을 거두는 여성이 되는 것, 그것이 아멜리아 에어하트가 세운 삶의 목표였다.

  그녀는 학교를 졸업하고 자동차 정비를 배우며 아르바이트를 하며 미래를 준비하고 있었다. 어느 날 친구들과 함께 모처럼 토론토로 나들이를 떠난 아멜리아 에어하트는 우연히 캐나다에서 열리고 있던 엑스포에서 에어쇼를 구경하게 되었다. 1차 세계 대전에 참전했던 파일럿들이 보여주는 공중 묘기였다. 비행기는 공중으로 치솟았다가 객석을 향해 돌진하는 등 한껏 곡예를 부렸다. 사람들은 비행기가 떨어질 때마다 비명과 탄성을 질렀지만 아멜리아 에어하트는 눈을 부릅뜬 채 지켜보기만 했다. 너무나 강렬해서 움직일 수가 없었다. 아멜리아 에어하트는 후일 "작고 빨간 비행기가 내 머리 위를 휙 하고 스쳐 지나갈 때, 무언가 내게 말을 걸었다"고 당시를 기억했다.

그 무렵, 다행히 아버지의 건강이 많이 회복되어 아멜리아 에어하트는 다시 온가족이 모여 살 수 있게 되었다. 힘겨운 시간들을 혼자 보내야 했었기에 다시 아버지와 함께 살 수 있게 된 것은 그녀에게 큰 행복이었다. 모처럼 딸과 지내게 된 아버지는 어느 날 아멜리아 에어하트를 지역 에어쇼에 데려갔다. 그곳에서는 10달러만 내면 직접 비행기를 타볼 수 있었다.

"아빠, 나 비행기 타보고 싶어요!"

그녀는 아버지를 졸라 비행기에 올랐다. 그리고 10분간의 비행. 그녀 인생의 완전한 목표가 생기는 순간이었다. 토론토에서 에어쇼를 본 이후 막연하게 마음속에 들어와 있던 무언가가 비로소 뚜렷해졌다.

'나는 비행기 조종사가 될 테야. 비행기 조종사는 남자들만 하는 일이라고 생각하지만, 나는 그 벽을 허물고 반드시 최고의 비행기 조종사가 될 거야!'

모험과 도전을 거듭해야만 하는 일, 한계를 넘어서야만 성공할 수 있는 일. 아멜리아 에어하트가 오래 전부터 꿈꾸던 바로 그런 미래였다. 드디어 길을 찾은 것이었다.

더 이상 망설일 것도 없다고 생각한 아멜리아 에어하트는 그날 이후로 닥치는 대로 아르바이트를 해서 1,000달러(약 105만 원)를 모았다. 그 돈을 가지고 최초의 여성 비행사 중 한 명인 아니타 스눅을 무작정 찾아갔다.

"저의 꿈은 비행기 조종사가 되는 것입니다. 저에게 방법을 가르쳐주세요!"

아멜리아 에어하트의 당찬 눈빛을 본 아니타 스눅은 흔쾌히 그러겠다고 대답했고, 그렇게 해서 1921년, 아멜리아 에어하트의 첫 비행이 시작되었다. 레슨을 받는 곳까지 가려면 집에서 종점까지 버스를 타고 가서도 다시 6km를 걸어야 하는 먼 거리였지만 그녀는 전혀 힘든 줄도 몰랐다. 한번 비행을 시작하면 좁은 조종석에 앉아 한 순간도 자리를 뜰 수 없고 비바람이 불거나 안개가 낀 날에는 창밖을 내다보지도 못하고 오직 계기판에 의존해 비행기를 몰아야 했지만 아멜리아 에어하트에게는 그 순간조차도 행복했다. 몸이 녹초가 되어 집으로 돌아오는 길에도 오직 하늘을 멋지게 날고 있는 자신의 꿈만을 생각했다.

그런 아멜리아 에어하트를 보는 시선이 곱지만은 않았다. 비행기 조종을 배우던 남자들은 "여자가 무슨 비행기야 조종사가 되겠단 거야?"라며 그녀를 비꼬았고, 새 가죽재킷을 입고 온 그녀를 보며 "패션쇼 하러 오나?"라고 비아냥대기도 했다. 편견을 깨기 위해 그녀는 사흘 밤 동안 재킷을 낡게 만들었고 길었던 머리도 짧게 잘랐다. '비행만 할 수 있다면 어떤 것이라도 참아낼 수 있어!' 꿈을 향한 강한 집념은 그녀를 어떤 어려움 가운데서도 견뎌내게 했다.

대서양 횡단에 도전한 최초의 여성이 되다

6개월 뒤 아멜리아 에어하트는 자신의 스물다섯 살 생일에 어머니의 도움을 받아 첫 비행기를 장만했다. 물론 뚜껑도 없는 중고였다. 노란색 비행기의 애칭은 '카나리아'로 정했다. 아멜리아 에어하트는 카나리아로 고도 4,300m까지 날아올라 여성 비행사 최고 기록을 세웠고 1923년 5월 15일 마침내 국제항공연맹이 주는 파일럿 자격증을 땄다. 여성으로서는 16번째였다.

1927년까지 아멜리아 에어하트는 500시간을 비행했다. 고도 계산 착오로 큰 사고를 당할 뻔하기도 했지만 이제는 어느 누구도 인정하지 않을 수 없는 수준이었다. 그 사이 그녀의 비행기는 '노란 위협'이라는 이름을 단 2인승으로 바뀌었고 미국항공학회의 부회장에도 선출되었다. 아멜리아 에어하트는 보스톤에서 이민자 아이들에게 영어를 가르치면서 비행을 했고 틈틈이 지역 신문에 비행에 관한 칼럼도 썼다.

그러던 어느 날 그녀에게 한 통의 전화가 걸려왔다.
"아멜리아 에어하트 부회장님이신가요?"
"네, 그런데요."
"네, 저는 레일리 대위입니다. 여성 최초의 대서양 비행에 도전해보시지 않겠습니까?"

그녀의 마음은 설렜다. 대서양 비행이라니! 비록 파일럿과 부조종사는 따로 있고 자신은 항공일지만 책임지는 일종의 전문 승객이었지만 그것은 해볼 만한 도전이었다.

"네, 좋습니다."

아멜리아 에어하트는 기꺼이 하겠다고 했다. 어쨌든 여성 최초의 대서양 횡단이었다. 동승만 한다 하더라도 위험천만한 프로젝트였다. 이번 기회를 통해 많은 것을 배울 수 있다고 생각한 아멜리아 에어하트는, 혹시 모를 사고에 대비해 가족들에게 유서를 남기고 비행기에 올랐다.

그리고 20시간 40분이라는 긴 비행 끝에 영국에 도착한 아멜리아 에어하트는, "모든 것은 두 조종사가 했습니다. 저는 그저 옆에 가만히 있었을 뿐입니다."라고 인터뷰를 했지만, 언론의 모든 시선은 그녀에게로 가 있었다. '최초로 대서양을 횡단한 여자!' 미국에서는 시가행진이 열렸고 백악관에 초청돼 대통령도 만났다. 이제 아멜리아 에어하트는 전 세계에서 가장 유명한 여자가 되었다. 짧은 머리에 가죽 재킷, 바지를 입고 비행기를 모는 아멜리아 에어하트의 모습은 그 자체로 새로운 시대, 새로운 여성의 상징이었다.

이후 2년 동안 아멜리아 에어하트는 전국을 돌며 강의를 했고 대서양 횡단을 기록한 그녀의 책 《20시간 40분》은 초대형 베스트셀러가 되었다. 사람들은 차분하면서도 카리스마 있는 아멜리아 에어하트에게 매료되었다. 심지어 그녀의 얼굴이 들어간 상품들도 불티나게 팔렸다. 아멜리아 에어하트는 A.E라는 자신의 이니셜로 의류 브랜드를 만들어 미국 전역의 백화점에 납품했고 비행기를 탈 때 들고 다니는 여행 가방에 자신의 이미지를 넣어 대박을 냈다. 아멜리아 에어하트는 이제 단지 여성들만의 영웅이 아니라 시대의 아이콘이었다.

하지만 아멜리아 에어하트는 이 성공에 만족하지 않았다. 오히려 부끄러웠다. 자신이 실제로 조종을 한 것도 아닌데 이렇게 자신을 우러러보는 것이 마냥 좋지만은 않았다. 물론 동승을 한 것 자체만으로도 무척 위험하고도 아무나 쉽게 할 수 없는 일이었지만 거기에 만족할 아멜리아 에어하트가 아니었다. 그녀는 '언젠가는 반드시 나 혼자 대서양을 비행하고 말 거야!'라고 다짐했다. 그녀의 목표는 대서양을 건넌 최초의 여자가 아니라, 대서양을 '혼자서' 비행한 최초의 여성이었다.

아멜리아 에어하트는 유명인사가 된 만큼 좀 더 많은 사람들에게 비행에 관해서 알려야 한다고 생각했다. 그래서 그녀는 여성지 〈코스모폴리탄〉의 부에디터가 되어 비행에 대한 기사를 쓰는가 하면 찰스 린드버그와 함께 뉴욕과 워싱턴 사이를 오가는 최초의 여객기를 홍보하기도 했다. 그녀는 "하늘을 나는 것은 더 이상 위험한 것이 아닙니다. 무한도전을 즐기는 소수만을 위한 것도 아니고요. 젊은 여성들도 얼마든지 비행에 도전할 수 있습니다!"라고 외치며 누구든 비행에 도전해보라고 권유했다. 특히 자신이 그랬던 것처럼 더 많은 여성들이 비행을 즐기고 그것을 통해 여성의 한계, 여성에 대한 통념을 뛰어넘길 바랐다.

한편 아멜리아 에어하트는 단독으로 대서양을 횡단하겠다는 자신의 원대한 계획을 실현하기 위해서도 바쁘게 움직였다. 방법은 비행기 조종사로서 자신의 경력을 쌓는 것뿐이었다. 아멜리아 에어하트는 1928년 8월, 여성으로는 처음으로 북미 대륙을 단독 왕복 비행하는 데 성공했다.

1929년에는 산타모니카에서 클리블랜드까지 비행하는 여성항공 더비(Derby, 지역 라이벌 시합)에도 참가했다. 아멜리아 에어하트는 마지막 중간 이착륙 지점까지 루스 니콜스와 공동 1위를 달리고 있었다. 하지만 먼저 이륙한 루스 니콜스의 비행기가 활주로 끝에서 사고를 당하자 그를 구하기 위해 달려갔다. 우승을 하고 새로운 기록을 세우는 것이 지금 그녀에게 가장 중요한 일이었지만, 동료를 구하는 것 또한 그녀에겐 중요했다. 그녀는 루스 니콜스가 무사하다는 것을 확인하고 뒤늦게 출발했지만 이미 우승은 멀어진 뒤였다. 아멜리아 에어하트는 3위에 그쳤지만 사람들은 용기 있는 그녀의 행동에 다시 한 번 감동을 받았다.

　아멜리아 에어하트의 기록 갱신은 계속되었다. 그녀는 1931년 5,613m까지 날아오르며 남녀를 통틀어 세계 최고의 기록을 세웠다. 산소마스크가 없던 당시로서는 극한의 기록이었다. "여자가 저걸 해낼 수 있겠어?"라고 비난하던 소리는 사라진 지 오래였다. 이제 어떠한 어려움의 상황 속에서도 멈추지 않는 그녀의 도전에 사람들은 점점 더 큰 기대를 걸 뿐이었다.

멈추지 않는 도전, 남자를 이기고 세계 최고가 되다!

　이제 준비가 되었다고 생각한 아멜리아 에어하트는 혼자서 대서양 횡단 비행에 나섰다. 이 프로젝트를 성공한다면 정말 역사에 큰 한 획을 긋는 셈이었다. 최고의 비행기 제조사에서 만든 비행기를 타고 구름 위를 날아오른 아멜리아 에어하트! 사람들은 그녀에게 손을 힘껏 흔들며 꼭 성공하고 돌아오기를 응원했다.

　혼자서 대서양을 비행하는 일은 상상 이상으로 힘들었다. 5월인데도 날씨는 얼음같이 차가웠고 북풍도 거셌다. 아멜리아 에어하트는 바람에 맞서 비행기를 조종하느라 내내 안간힘을 써야 했다. 나중에는 손에 쥐가 날 지경이 되었고, 자정이 가까워지자 비까지

내리기 시작해 앞이 막막했다. 예보와는 달리 비행을 하기에는 최악의 날씨였다. 설상가상으로 비행 도중 엔진의 용접 부분에서 연기가 나기 시작했다. 자칫 하다가는 언제 바다로 떨어져 한 점 재가 될지 모르는 급박한 상황이었다.

하지만 아멜리아 에어하트는 계속 날았다. 돌아갈 수는 없었다. 성급하게 착륙을 시도하는 것이 더 위험할 수도 있었다. 그녀는 비행기 속에서 등에 식은땀이 흘러내리는 끔찍한 긴장감과 더불어 묘한 평안함을 느꼈다. 눈앞에 보이는 것은 검은 하늘과 바다였고 망망대해 위의 작은 비행기 속에는 오직 자기 혼자뿐이었다. 마치 태고의 세상에 오직 혼자만 존재하는 듯한 착각 속에 벅찬 충만감이 밀려왔다.

'아…… 이 기분을 느끼기 위해 하늘을 나는 거구나!'

날아보지 않은 사람을 절대 알 수 없는 기분이었다. 비행은 하던 대로 하면 되었다. 비가 내리면 고도를 높였다가 기온이 떨어져 기체에 성에가 끼면 다시 고도를 낮추기를 반복했다. 나머지는 신의 손에 맡겼다.

아멜리아 에어하트는 14시간 56분 만에 북아일랜드의 초원에 착륙했다. 날개 용접 부분은 거의 다 탔고 연료 탱크에서 기름이 새 조종석까지 흘러 들어온 상태였다. 자칫하면 목숨을 잃을 수도 있는 상황이었지만 침착함으로 잘 이겨냈다. 당초 목표였던 파리와는 한참 거리가 있었지만 그래도 대서양을 건넜다는 사실에 아멜리아 에어하트는 가슴이 벅찼다. 남녀를 통틀어 대서양을 두 번 비행한 사람은 아멜리아 에어하트가 처음이었다. 근처에 있던 농부가 달려와 비행기에서 내리는 것을 도와주며 물었다.

"어디 멀리서 날아 오셨나 봐요?"

그러자 아멜리아 에어하트는 싱긋 웃으며 대답했다.

"미국에서요."

드디어 자신의 오랜 꿈을 이룬 것이었다.

아멜리아 에어하트는 대서양 솔로 비행으로 명실상부한 세계 최고의 비행사가 되었다. 미국 국회와 프랑스 정부, 각종 단체에서 훈장과 포상이 쇄도했다. 아멜리아 에어하트도 비로소 자신의 용기와 열정을 떳떳하게 사람들에게 이야기할 수 있었다.

아멜리아 에어하트에게 비행은 이제 삶 그 자체였다. '이제 다음 목표를 세우자!' 아멜리아 에어하트는 한 가지 도전을 이루었다고 멈추지 않았다. 도전, 또 도전하는 것만이 그녀에게 행복을 느끼게 해주었다. 혼자서 대서양을 건넌 아멜리아 에어하트는 이제 비행기로 적도를 따라 지구를 한 바퀴 돌기로 마음먹었다. 한마디로 세계일주 비행이었다. 비행거리만 4만7000km로 사상 최장거리 비행이었다. 아직 남자 비행사들도 해내지 못한 일이라 만약 아멜리아 에어하트가 성공한다면 지금보다 더 큰 세계적인 관심을 받을 것이었다. 사람들은 그녀의 끝없는 도전 정신에 항상 박수를 보냈지만, 벌써 마흔이 된 아멜리아 에어하트가 해낼 수 있을까 내심 불안해하기도 했다. 하지만 그녀는 도전을 포기할 생각이 없었다. 나이는 걸림돌이 될 수 없었다. 이미 목표를 정했기에 오직 그것만 생각했다.

아멜리아 에어하트는 비행을 떠나기 전 철저하게 사전 준비를 했다. 비행은 연습을 할 때마다 신기록을 세웠다. 장거리 에어 레이싱에도 참가해 안개와 천둥, 번개를 동반한 빗속을 날아 남자들과 겨루면서도 5위라는 놀라운 기록을 남겼다. 그리고 7개가 넘는 신기록을 세우고 난 후 이제 때가 되었다고 생각했다.

두려움을 이겨낸 도전, 하늘의 전설로 남다

세계일주 비행 계획은 치밀하게 진행되었다. 새 비행기를 장만하고 장거리에 적도를 따라 날아야 하는 고난이도의 비행인 만큼 지도를 보고 항로를 잡아줄 능력 있는 팀원들이 필요했다. 그녀는 항해사 자격증을 가지고 있는 '프레드 누난'과 대서양 횡단 후에 미국으로 오는 비행을 함께했던 '해리 매닝' 선장에게 동승을 부탁했다. 하와이에서 하울랜드 섬까지는 프레드 누난이, 거기서부터 호주까지는 해리 매닝이 지도를 본다는 계획이었다.

부푼 꿈을 안고 첫 번째 시도를 했지만 아쉽게 실패하고 말았다. 하와이에서 이륙하던 도중 비행기의 오른쪽 부분에 이상을 느꼈고, 이때 아멜리아 에어하트가 심하게 방향을 트는 바람에 기체가 크게 파괴되고 만 것이다. 이로 인해 비행기는 캘리포니아로 수송되었고 아멜리아 에어하트의 세계일주 비행은 잠정 중단되고 말았다.

처음으로 예기치 못한 사고를 당했지만 이런 일로 포기할 아멜리아 에어하트가 아니었다. 그녀는 다시 준비 작업을 거쳤고, 이번에는 서쪽에서 동쪽으로 루트를 잡았다. 그 사이 지구의 바람 방향과 날씨가 변해 다시 계획을 짜야 했기 때문이다. 아멜리아 에어하트는 처음보다 더욱 단단히 마음을 먹은 후 두 번째 도전을 시도했다.

6월 1일부터 시작된 비행은 29일 동안 계속되었다. 두 사람은 마이애미에서 남미, 아프리카, 인도, 동남아를 거쳐 뉴기니의 라이에 도착했다. 장장 3만 5,000km에 이르는 대장정이었다. 미국까지 남은 거리는 7,000km. 이제 태평양을 건너는 일만 남았다. 비행기로 지구를 한 바퀴 돈 최초의 여자라는 대기록 달성이 얼마 남지 않았다.

1937년 7월 2일, 아멜리아 에어하트와 프레드 누난은 라이를 출발했다. 다음 목적지는 4,113km 떨어진 '하울랜드'라는 작고 납작한 섬이었다. 미국해안경비대 경비선 이타스카호가 하울랜드 섬 인근에서 아멜리아 에어하트를 맞이할 준비를 하고 있었다. 하지만 양측의 교신이 엇갈리고 기술적인 실수까지 겹치면서 비행기는 좀처럼 방향을 잡지 못했다. 후일 항공 전문가들은 아멜리아 에어하트가 당시 최신 기술이었던 벤딕스 안테나를 제대로 다루지 못했거나 아멜리아 에어하트의 비행기와 이타스카가 서로 다른 시간을 기준으로 교신을 시도했을 가능성을 지적했다. 라이에서 찍힌 영화 필름을 근거로 기체 아래에 달려 있던 안테나가 이륙 도중 떨어져 나갔을 가능성을 이야기하는 사람도 있었다.

오전 7시42분. "근처에 있는 것은 분명한데 육지가 보이지 않는다. 연료가 부족하다. 무선으로는 교신할 수 없다. 우리는 300m 상공을 날고 있다." 아멜리아 에어하트의 메시지였다. 다급하지만 또렷한 목소리였다. 메시지를 받은 이타스카호는 여러 방법으로 교신을 시도했지만 잘 되지 않았다. 몇 차례 더 신호가 온 것으로 봐서 아멜리아 에어하트가 탄 비행기는 바다 위에서 헤매고 있는 것이 분명했다.

오전 8시43분. 아멜리아 에어하트는 다시 무전을 보내 자신들의 위치를 알렸다. 하울랜드에 도착했다고 생각한 듯했지만 실제로 그곳은 섬으로부터 10km 떨어진 지점이었다. 뭔가 단단히 잘못되어 가고 있는 것이 분명했다. 게다가 하울랜드 섬 인근 하늘에는 군데

군데 커다란 구름이 바다 위로 검은 그림자를 드리우고 있어 하늘에서 보기에는 영낙없는 섬으로 보일 수도 있었다. 이타스카호에서는 무전과 모스부호로 끊임없이 신호를 보내는 한편 기름을 태워 검은 연기를 내뿜었지만 그조차 소용이 없었다.

"우리는 157 337에 있다."

이것이 마지막이었다. 더 이상 아멜리아 에어하트는 아무 신호도 보내오지 않았다. 추락한다는 소리도, 구조를 요청하는 무선도 일절 없었다. 아멜리아 에어하트와 프레드 누난을 태운 엘렉트라는 실종되었다.

이타스카호는 아멜리아 에어하트의 마지막 무선 내용을 토대로 즉시 수색에 나섰다. 미국 해군도 나흘 동안 하울랜드 섬과 그 일대를 샅샅이 훑었다. 하지만 아멜리아 에어하트가 탔던 엘렉트라의 잔해는 한 조각도 발견되지 않았다. 하울랜드 섬에 비행기가 착륙했다는 흔적도 전혀 없었다.

미 해군 전함 콜로라도가 수색 작업에 동원되었고 하늘과 바다에서 하울랜드 섬 사방을 다시 살폈다. 엄청난 돈을 들여 수색을 시도했지만 어떤 증거도 발견되지 않았다. 연료가 떨어졌으면 바닥에 추락했을 것이 분명한데 비행기의 일부조차도 발견하지 못했고, 두 사람과 관련된 어떤 것도 없었다.

아멜리아 에어하트는 실종 1년 반 뒤인 1939년 1월 5일 사망한 것으로 공식 처리되었다. 하지만 누구도 그녀가 언제, 어디서, 왜 죽었는지, 심지어 정말 죽었는지조차 모른다. 그녀의 죽음을 둘러싼 미스터리는 지금까지도 완전히 풀리지 않고 있다. 아멜리아 에어하트의 마지막 도전이 비록 실패로 돌아가긴 했지만, 그 누구도 그녀가 '실패했다'고 말하지 않는다. 오히려 그녀는 살았을 때보다 더 유명해졌고 사람들의 가슴에서 잊히지 않는 영원한 전설로 남았다.

그것은 남자들조차 힘들다고 생각했던 인간의 한계에 도전했던 그녀의 집념 때문이었다. 그러한 도전정신은 지금까지도 많은 이들에게 용기가 되고 있다. 오직 한 길에 자신의 모든 것을 걸고, 모두들 '어려울 것'이라고 했지만 당당하게 도전했던 여성. 그녀가 아직까지도 '세계에서 가장 위대한 여성'의 목록에 항상 오르는 것은 어쩌면 당연한 일일지도 모른다.

여성이라는 한계를 넘어 불가능에 도전했던 아멜리아 에어하트

아멜리아 에어하트는 "모험은 그 자체만으로도 가치 있는 일이다."라는 말을 남겼습니다. 성공이냐 실패냐를 떠나서 쉽지 않은 목표에 도전하는 과정에서 많은 것을 배울 수 있다는 얘기에요.

아멜리아 에어하트가 살았던 20세기 초반에는 하늘을 나는 비행이야말로 최고의 모험이었어요. 하지만 이는 어디까지나 남자들의 모험이었죠. 1903년 비행기를 발명한 것도 라이트 형제였고 1927년 최초로 대서양을 비행한 것도 남자인 찰스 린드버그였으니까요. 여자들이 비행기를 조종한다는 것은 상상도 할 수 없었고, 심지어 비행기에 탄다는 것조차 쉽게 받아들여지지 못하던 시대였어요.

아멜리아 에어하트는 그 모든 것을 뒤집었어요. 물론 그 이전에도 여성 파일럿은 있었지만 아멜리아 에어하트는 본격적인 여성 비행의 역사를 열어갔죠. 뉴스에서 본 것처럼 이제 여성은 여객기는 물론 전투기까지 조종하는 시대가 되었어요. 어쩌면 이 모든 것을 아멜리아 에어하트가 시작했다고 해도 과언이 아닐 거예요.

우리가 아멜리아 에어하트에게서 배워야 할 것은 바로 끝없는 도전정신이

Amelia Mary Earhart

에요. 그녀는 여성 최초로 대서양을 건넜다는 데 만족하지 않고, 결국 대서양을 최초로 비행한 여성이 되었어요. 지금은 기술이 많이 발달되었지만 당시에는 비행기를 만드는 수준이 높지 않아 언제든 목숨을 잃을 수 있었어요. 하지만 아멜리아 에어하트는 도전을 두려워하지 않았어요. 생명의 위협을 느끼는 극도의 압박감 속에서도 침착함을 잃지 않고 혼자 힘으로 자신의 목표지점을 향해 날아간 그의 모습 속에서, 우린 그가 세웠던 비행 기록보다 더 많은 것을 배울 수 있을 거예요. 도전정신이 없다면 결코 한계를 넘어서 새로운 세계를 경험하는 짜릿함도, 최고가 된다는 성취감도, 결코 따라올 수 없다는 것을요.

혹시 너무 늦었다고 포기하고 싶은 생각이 든다면, 마흔에 지구 일주라는 엄청난 모험에 도전한 아멜리아 에어하트를 떠올려보세요. 결국 하늘에서 최후를 마쳤지만 그녀는 지금도 전 세계 여성 파일럿들은 물론이고 불가능과 한계에 도전하려는 많은 여성들의 롤 모델이 되고 있으니까요.
그녀의 말처럼 도전하는 여성은 아름답답니다. 살아서도, 죽어서도요.

나도 아멜리아 에어하트처럼!

"무조건 '못한다'고 하지 말고 과감하게 도전해보세요!"

대부분의 사람들이 조금만 어렵고 힘들어 보이면 "난 못해."라는 말부터 해요. 하지만 바꿔서 생각해보세요. 남들이 안 하니까, 남들이 못하니까 오히려 나는 할 수 있다, 그렇게 생각하면 용기가 나지 않나요? 이 세상은 그런 도전정신을 가진 사람들이 있었기에 더욱 풍요롭고 아름답게 발전되어 온 거랍니다. 지금 우리가 느끼는 한계들도 언젠가는 누군가에 의해 깨어질 거예요. 여러분이 그 주인공이 되어보는 건 어떨까요?

9

멈추지 않는 열정으로, 포기하지 않는 집념으로

**자신이 좋아하는 것에 모든 삶을 집중하고
꿈을 이뤄낸 마사 스튜어트**
Martha Helen Stewart

"All the things I love is what my business is all about."
내가 사랑하는 모든 것이 바로 내 비즈니스다.

자신이 정말 좋아하는 일에 집중해보기

비틀즈라는 밴드를 알고 있니? 오래 전 정말 인기가 많았던 밴드인데, 예전부터 난 정말 그들의 노래를 즐겨 듣곤 했단다. 아직도 200곡이 넘는 노래 가사는 물론 그들에 관해 줄줄 외우고 있을 정도니까. 친구들에게 "비틀즈 대학이 있다면 내가 수석 합격이야!"라고 농담처럼 말하곤 했지.

그리고 요즘은 종종 생각하곤 해. 만약 '그쪽으로 직업을 선택했다면 어땠을까?' 하고. 지금 직업도 좋지만 비틀즈를 너무 좋아했기 때문에 그와 관련된 일을 한다면 더 신나게, 더 열정적으로 살았을 것 같거든. 음악 방송 라디오 PD가 되거나, 비틀즈에 관한 책을 쓰는 사람이 되거나. 하지만 그때 난 내가 정말 좋아하는 것을 알기만 했지 그걸 실천할 생각은 하지 못했어. 정말 내 꿈을 이루려고 노력했다면 대학도 그런 쪽으로 갔을 테고 아마 유학도 영국으로 갔을 거야. 또 그렇게까지는 아니더라도 그렇게 비틀즈를 좋아했으면서 왜 비틀즈의 고향인 리버풀 한번 가볼 생각도 못했을까, 하는 생각도 들어. 시간도 충분하고 조금만 노력하면 기회도 많았는데 정작 나 자신의 목소리에는 귀를 기울이지 못한 거지. 가끔은 '만약 내가 어릴 적 그 꿈을 계속 간직했다면 어땠을까?' 하는 생각을 해보기도 한단다.

그런 점에서 '살림의 여왕' 마사 스튜어트는 참 부러운 여성이야. 같은 여자로서 질투가 날 정도니까. 그녀는 다른 무엇보다도 '내가 정말 잘하는 일, 진짜 하고 싶은 일이 무엇일까?'라는 내면의 목소리에 귀를 기울였던 사람이라는 것. 그 길을 찾기 위해 끊임없이 시도했고, 마침내 그 길을 찾았을 때는 그것을 향해 집중을 했던 사람이란다.

어릴 적부터 손재주가 좋았고 집안일에 관심이 많았지만 사실 그런 사람은 많잖아. 하지만 그걸 사업으로 만든 사람은 마사 스튜어트뿐이지. 더구나 서른다섯, 꿈을 이루기엔 어쩌면 늦어버린 나이였을지도 모를 시기에 도전했으니 얼마나 멋지니?

자신이 가장 잘할 수 있는 일이 무엇인지, 또 자신이 그 일을 할 때 가장 빛이 난다는 사실을 알기에 용감할 수 있었던 것 같아. 그리고 온전히 그 일에 미쳐 집중한 결과 누구도 생각지 못한 엄청난 성공을 이뤄낼 수 있었고.

나의 꿈은 무엇일까? 내가 가장 좋아하는 일은 무엇일까? 내 목소리에 귀를 기울여보렴. 그리고 그것에 집중해봐. 그 모든 것이 이루어질 수는 없겠지만, 적어도 가까이에는 갈 수 있단다.

자신이 좋아하는 것을 알고 도전했던 놀라운 집중력의 소유자, 마사 스튜어트의 이야기를 들어볼까?

마사스튜어트 *Martha Helen Stewart*

마사스튜어트 리빙 옴니미디어 회장
살림살이를 비즈니스로 만든 '살림의 여왕'

1941년 미국 뉴저지에서 태어나 유난히 부지런하고 집중력이 좋았던 그녀. 서른다섯이라는 늦은 나이에 맨손으로 사업을 시작했지만, 자신의 진짜 재능을 발견하고 억만장자가 되었다. '살림의 여왕'이라는 별명으로 미국을 넘어 전 세계 주부들의 마음을 사로잡았지만 한 번의 실수로 감옥까지 가는 큰 시련을 겪게 된다. 하지만 포기하지 않고 꿈을 향한 집념으로 과거를 발판삼아 노력한 끝에 다시 사람들의 마음을 움직이고 가장 성공한 사업가로서 자리를 잡는다. 현재 자신의 이름을 딴 책, 잡지, TV 프로그램 등 다양한 사업을 움직이며 세계에서 가장 성공한 여성 사업가 중 한 명으로 이름을 떨치고 있다.

"정말 하고 싶은 일을 찾고 거기에 집중하라!"

좋아하는 것에 유난히 집중력이 뛰어났던 아이

"아버지, 여기 보세요! 벌써 꽃이 피었네요. 햇볕을 좀 더 쬐어 줘야 하겠지요?"

"그렇구나. 양지 바른 곳에 며칠 두면서 잎이 마르지 않도록 잘 관리해주면 될 거야."

1941년 미국. 마사 스튜어트는 그리 넉넉하지 않은 가정에서 여섯 남매 중 맏이로 태어났다. 아버지는 제약회사 영업사원, 어머니는 초등학교 교사였는데 일을 하지 않는 시간 동안 어머니는 항상 가사 일을 돌보았고 요리 솜씨도 일품이었다. 마사 스튜어트는 아버지의 집중력과 어머니의 부지런함, 그리고 손재주를 두루 물려받아 집안일 하는 것을 좋아했다.

마사 스튜어트의 부모님은 아이들이 어릴 때부터 저마다 해야 할 집안일을 가르쳐주었는데, 육남매 중 집안일에 가장 열의를 보인 아이는 단연 마사였다. 어머니가 가르쳐주는 요리와 바느질은 물론 아버지가 꼼꼼하게 일러준 정원 가꾸기도 좋아했다. 심지어 뉴욕에 사는 할아버지, 할머니에게서는 통조림을 비롯해 각종 저장음식 만드는 법도 배웠다. 마사 스튜어트는 단순히 집안일을 돌보는 재미보다도 동화책이나 친구들의 이야기에서 들은 아름다운 풍경을 상상하며 즐거워하곤 했다. 널찍한 식탁에 하얀 식탁보가 깔리고 그 위에 예쁘게 차려진 식기와 맛난 음식들, 단정하게 차려 입은 단란한 가족……. 그런 행복한 상상은 마사 스튜어트가 집안일에 더욱 집중할 수 있게 해주었다.

마사 스튜어트는 가정의 중심은 여자, 집안일은 여자의 몫이라고 생각하는 환경에서 자랐다. 집안일을 잘하는 것은 여자로서 당연한 일이었고 정성을 다해야 했다. 요즘은 집안일을 잘하는 것이 아주 특별한 능력이 되었지만 당시에는 세상이 이렇게 변하리라고는 상상도 할 수 없었다. 가난하고 보수적인 집안의 평범한 여학생이었던 마사 스튜어트는 대학생이 되면서 비로소 스타일, 미디어,

독립 등 현대 여성들이 추구하는 가치를 접하게 되었다. 외모를 가꾸기 시작했고 마음속에는 '성공'을 위한 욕심이 생겨났다.

가장 잘하는 것으로 새로운 사업을 시작하다

어릴 때부터 무얼 하든 거기에 유난히 집중을 잘하고 끈기가 있었던 마사 스튜어트는 학비를 벌기 위해 뉴욕 맨해튼에 입주 가정부로 들어갔다. 워낙 집안일을 잘했던 터라 주인들은 그녀가 일하는 솜씨를 보고 무척 좋아했지만, 살림으로만은 돈을 벌 수 없다고 생각한 그녀는 고등학교 때부터 아르바이트로 했던 모델 일을 우선 목표로 삼았다. 형편이 어려워 예쁜 옷이 없었기에 부잣집 친구에게 옷을 빌려서 어릴 적 배웠던 대로 패턴을 뜨고 바느질을 해서 비슷한 스타일의 옷을 만들었다. 사진으로 보기에는 영락없는 고급 옷이었다. 마사 스튜어트는 그해의 여대생 베스트 드레서로 뽑혔고, 〈글래머〉라는 유명 패션지에도 실렸다. 하지만 1961년, 친구의 오빠인 앤디 스튜어트와 결혼을 하게 되면서 모델 생활을 접어야만 했다.

딸을 낳고 아이를 기르면서 새로운 일을 찾아야겠다고 생각하고 주식 중개인을 시작했지만 이도 얼마 안 가 경기가 나빠져 접어야 했고, 그 후에 찾은 부동산 중개인 일자리도 자신과는 맞지 않다는 생각에 금세 그만두고 말았다.

"우리 이렇게 시골 촌구석에서 죽어가야 하는 거니?"

"그러게…… 뭘 하긴 해야 하는데, 살림밖에 모르는 우리가 뭘 할 수 있을까? 정말 막막하다."

어느 날 마사 스튜어트는 자기 집 부엌에서 또 친구와 신세 한탄을 하고 있었다. 한때 잘 나가는 모델로 활동했지만 이제는 평범한 주부로 살고 있던 두 사람은 만나기만 하면 "무언가를 해야 한다"고 입을 모았다. 하지만 무엇을 해야 할지 막막하기만 했다. 모델은 이미 틀렸고 서른이 넘은 주부가 쉽게 시작할 수 있는 일은 별로 없었다.

그때 갑자기 예쁘게 꾸며놓은 부엌을 둘러보던 마사 스튜어트의 머리에 떠오른 생각이 있었다.

"우리, 케이터링 한번 해보지 않을래?"

케이터링이란 출장요리를 말하는 것이었다. 그러고 보니 요리와 테이블 세팅, 집안 꾸미기야말로 자신이 가장 좋아하고 잘하는 것 중 하나였다. 1971년 코네티컷으로 이사 오면서 버려지다시피 했던 농장을 일일이 수리해 일대에서 가장 아름다운 집으로 바꿔놓은 그녀였다. 그녀가 만드는 음식, 그녀가 꾸민 장식은 누구나 입을 모아 칭찬을 했다. 그렇다면 멀리서 찾을 것도 없었다. 자신이 좋아하는 일로 돈을 벌 수 있다면 그것보다 좋은 게 있을까?

당시 케이터링 비즈니스는 누구나 손쉽게 시작할 수 있어 막 뜨고 있던 업종이었다. 하지만 마사 스튜어트의 케이터링은 조금 달랐다. 단순히 음식을 대신 해주는 차원이 아니라 마치 집에서 만든 것 같은 요리를 선 보여준다는 것이었다. 회사 이름도 '손수 만든 요리(Uncatered Affair)'였다. 케이터링이지만 케이터링 같지 않은 요리, 이것이 마사 스튜어트의 모토였다. 돈은 있지만 집안일에 소홀하다는 것을 마음에 걸려 하는 커리어 맘들이 혹할 만한 콘셉트였다.

사업은 시작부터 성공이었다. 1인당 8달러(8,400원)에서 45달러(47,000원)를 받고 맛있는 음식과 색다른 모임 분위기를 연출해주는 마사 스튜어트의 솜씨는 금방 입소문이 났다. 폴 뉴먼, 로버트 레드포드 등 코네티컷에 사는 스타들도 그녀의 고객이 되었다. 마사 스튜어트는 케이터링 첫 주문인 결혼식 음식 300인 분을 차려내면서 "이게 바로 내 일이구나!" 하고 깨달았다. 오랜 방황과 몇 차례의 시도 끝에 드디어 천직을 찾은 것이었다.

할 일을 찾고 한곳에 집중하기 시작하자 창의적인 아이디어도 샘솟았다. 마사 스튜어트는 당시 이제 막 새롭게 문을 연 '랄프 로렌'

매장 한 켠에 '마켓 바스켓'이라는 파이와 케이크 코너를 열었다. 후일 유행할 '가게 안의 가게(Shop in shop)'의 이점을 일찌감치 내다본 것이었다. 옷을 사러 왔다가 달콤한 냄새를 풍기는 마사 스튜어트의 파이를 맛본 이들은 옷 대신 파이를 사들고 매장을 나섰다. 마켓 바스켓은 케이터링 서비스보다 더 큰 성공을 거두었다.

1977년 마사 스튜어트는 자신의 집 지하실에 주식회사를 차렸다. 회사 이름은 자신의 이름을 그대로 딴 '마사 스튜어트'였다. 〈피플〉지에는 '코네티컷 스타들이 즐겨 찾는 출장요리사 마사 스튜어트'에 대한 기사가 실렸고, 이제 그녀에게도 자신감이 생겼다. 마사 스튜어트는 이제 단순히 맛있는 음식을 만들어 고객에게 만족감을 주자는 것을 넘어 "내 꿈은 내 이름을 딴 요리 프로그램을 전국에 방송하는 것입니다."라고 말했다. 사람들은 처음엔 그 말에 '설마 정말 그런 프로그램을 마사가 맡을 리가 있겠어?' 하며 별 관심을 두지 않았지만 몇 년 후 정말 그녀는 자신의 이름을 건 요리 프로그램의 호스트가 되었다.

시작은 책이었다. 그 무렵 뉴욕 출판사의 사장이 된 남편이 새 책 출판 기념 파티를 집에서 열었고, 마사 스튜어트는 이때가 기회다 싶어 맛난 요리와 독특하고 멋진 테이블 세팅으로 참석자들을 감동시켰다. 얼마 뒤 파티에 참석했던 크라운 출판사 사장이 그때 파티에서 내놨던 메뉴로 요리책을 내자고 제안했다. 평소 요리책을 즐겨 읽던 마사 스튜어트로서는 마다할 이유가 없었다.

그녀가 낸 요리책은 엄청난 베스트셀러가 되었다. 자신이 좋아하는 일을 하자 더욱 아이디어가 샘솟았는지, 일반 주부들은 전혀 상상도 하지 못할 새로운 메뉴와 살림 방법을 제시해 사람들을 놀라게 했다. 어릴 적 상상 속에서만 존재하던 부엌 꾸미기를 책으로 담아내자 많은 이들이 환상적인 마사 스튜어트의 부엌에 푹 빠졌고 당장 써먹을 수 있을 것 같은 실용적인 레시피에 무릎을 쳤다.

마사 스튜어트는 이후 쉬지 않고 책을 썼다. 1983년 〈마사 스튜어트의 빠른 요리〉를 시작으로 1989년 〈마사 스튜어트의 크리스마스 요리〉까지 해마다 한 권 이상의 요리책을 출간했다. 각각의 주제는 모두 달랐고 대부분 가정에서 요리를 하는 주부들이 필요로 하는 것들이었다. 책은 모두 베스트셀러가 되었고 새 책이 나올 때마다 마사 스튜어트는 더욱 유명해졌다.

출판에서 시작된 유명세는 자연스레 미디어로 이어졌다. 마사 스튜어트는 여러 신문, 잡지에 칼럼을 기고했고 〈오프라 윈프리 쇼〉나 〈래리 킹 라이브〉 같은 TV 토크쇼에도 출연했다. 어느새 '요리' 하면 '마사 스튜어트', '마사 스튜어트' 하면 '요리'라는 공식이 자리를 잡았다.

미디어 속에 나타난 마사 스튜어트는 유능하면서도 우아했다. 그녀의 말 한 마디 한 마디는 재치가 넘쳤고 풍부하게 넘쳐나는 창의적인 아이디어들은 웬만한 사람들은 흉내도 낼 수 없었기에 더욱 인정을 받게 되었다. 마사 스튜어트는 이제 한 여성의 이름이 아니었다. 미국에서 가장 유명한 브랜드 네임이었다.

"Ask Martha(마사에게 물어봐)!"

베스트셀러 행진이 계속되던 1987년, 마사 스튜어트는 대형마트인 K마트의 모델 겸 컨설턴트가 되었다. K마트는 브랜드 이미지를 끌어올리기 위해 요리로 명성을 쌓은 마사 스튜어트에게 손을 내밀었다. 마사 스튜어트는 모델 경력도 있었던 데다 자신의 브랜드 가치를 인정받을 수 있는 기회여서 흔쾌히 제안을 받아들였다.

어느 날 마사 스튜어트는 K마트 사장인 조셉 안토니니와 식사를 겸해 첫 미팅을 가졌다. 반가운 얼굴로 마사 스튜어트와 악수를 나누고 자리에 앉으려던 안토니니 사장의 얼굴이 묘하게 일그러졌다. 적잖이 놀라는 기색이었다. 마사 스튜어트를 모델로 추천한 K마트의 바바라 로렌 스나이더가 얼른 마사 스튜어트의 손을 쳐다봤다. 그 역시 숨이 멎을 듯했다.

마사 스튜어트의 손은 온통 상처투성이였다. 양손 여기저기에는 칼에 베이고 낫에 긁히고 심지어 어디에 세게 부딪혔는지 곳곳에 멍이 든 흔적들까지⋯⋯ 성한 곳이 없었다. 두꺼워진 손톱은 군데군데 부러져 있었고 굵은 손마디에는 굳은살이 박여 있었다. 아무리 봐도 여성의 손이 아니었다. 농부의 손이었다. TV 속에서 잘 차려진 부엌을 배경으로 말끔하게 다려진 흰 셔츠를 입고 멋진 파이를 만들어내는 우아한 마사 스튜어트와는 더더욱 어울리지 않는 손이었다.

하지만 그것이 바로 마사 스튜어트의 진짜 손이었다. 마사 스튜어트는 하루 20시간을 몸과 마음을 다 써가며 일에 바쳤다. 매일 새벽 동이 트기 전에 일어나 하루 일과를 정리하고 바로 일을 시작했다. 코네티컷 집에서 기르는 닭, 염소 등 100마리가 넘는 동물들에게 직접 모이를 주었고 넓은 텃밭에 심어놓은 채소와 과일들도 일일이 보살폈다. 화단을 새로 꾸미는 일은 다반사였고 테이블 세팅에 쓰기 위해 소나무 껍질을 일일이 칼로 벗겨내 말린 적도 있다.

책상에 앉아서 일할 때도 마찬가지였다. 마사 스튜어트는 항상 사진기와 작은 수첩을 들고 다녔다. 마음에 드는 그림이 있으면 사진을 찍고 좋은 아이디어가 생각나면 메모하기 위해서였다. 컴퓨터에 올려둔 아이디어 폴더만 1,000개가 넘어 두 명의 비서가 관리할 정도였다. 마사 스튜어트는 그렇게 1주일에 7일을 일했다. 도저히 손이 남아날 수 없었다.

"제 손이 너무 거칠고 상처투성이어서 놀랐나요? 일에 집중하다 보면 손이 긁히고 아픈 것을 잘 느끼지 못해요. 어릴 때부터 무엇 하나에 집중하고 있으면 늘 그랬죠. 하지만 예쁜 손을 포기한 대신 제가 하고 싶은 일을 하고 있고, 그걸로 돈까지 벌고 있으니 저는 충분히 행복한 걸요."

마사 스튜어트는 멋쩍다는 듯 씩 웃었지만 자신의 손을 뒤로 감추지는 않았다.

"우리가 제대로 된 모델을 선택한 것 같습니다."

그때까지 마사 스튜어트를 스타 요리사 정도로만 알고 있던 조셉 안토니는 그제야 자신이 최고의 모델을 골랐다는 사실을 실감했다. 그런 손을 가진 사람이라면 절대 일을 대충할 리가 없었다.

마사 스튜어트는 이제 미국에서 가장 유명한 요리 전문가였다. 하지만 거기서 멈출 생각은 없었다. 자기가 오른 곳이 최정상이라고도 생각하지 않았다. 그녀에게 요리는 자신의 제국을 이룰 기초에 불과했다. 이제 바닥을 다졌으니 본격적으로 뻗어나갈 일만 남았다.

마사 스튜어트가 주목한 것은 미디어였다.

'수많은 여성들이 하루 중 가장 많은 시간을 보내는 곳은 바로 집이야. 집을 꾸미는 데 필요한 정보를 얻으려면 미디어를 이용해야 해.'

마사 스튜어트는 미디어의 힘을 익히 알고 있었다. 돈을 주고 골라야 하는 책에 비하면 불특정 다수가 보는 신문, 잡지, TV는 그 위력에서 비교의 대상이 아니었다. 마사 스튜어트는 신문사, 방송사를 드나들면서 콘텐츠와 미디어를 한꺼번에 가지고 있으면 훨씬 큰 성과를 거둘 것이란 판단이 들었다. '요리'라는 확실한 콘텐츠가 있으니, 이제 이것을 알릴 수 있는 미디어만 있다면 원하는 일을 할 수 있었다. 마사 스튜어트는 자신만의 미디어를 만들기로 했다.

첫 사업은 잡지였다. 마사 스튜어트는 1990년 〈마사 스튜어트 리빙〉이라는 계간지를 창간하고 자신이 편집장이 되었다. 제호와 표지는 물론이고 처음부터 끝까지 마사 스튜어트가 나와 요리, 청소, 인테리어, 마당 꾸미기, 액자 만들기 등에 대해 설명하는, 그야말로 마사 스튜어트표 잡지였다. 심지어 마사 스튜어트의 한 달 일정을 소개하는 '이상한' 잡지였다. 하지만 그 안에 실린 기사들은 하나 같이 주부들에게 유용한 것들이었다.

잡지를 만드는 일은 물론 쉽지 않았다. 하지만 한 번 시작하면 절대 포기하지 않고 집중하는 마사 스튜어트의 성미답게, 잡지는 금세 자리를 잡았고 철저하게 독자인 주부의 입장에서 잡지를 만들다 보니 한 번 잡지를 접한 사람들은 금세 그 매력에 빠져 들었다. 25만 부로 시작한 〈마사 스튜어트 리빙〉은 곧 월간지가 되었고 2002년 200만 부까지 부수를 늘렸다.

잡지가 성공적으로 자리를 잡자, 이제 그녀는 TV 프로그램을 만들어 방송국에 팔기 시작했다. 제목은 물론 〈마사 스튜어트 리빙〉이었다. 처음에는 1주일에 한 번 30분짜리로 시작했지만 곧 1시간짜리로 늘어났고 다시 주중에는 매일 방송할 정도로 인기를 모았다. 마사 스튜어트의 요리 프로그램은 1주일에 500만 명의 시청자를 끌어 모았다.

잡지와 TV 쇼를 거느림으로써 마사 스튜어트는 자신의 영향력을 무한대로 끌어올릴 수 있었다. 이제 그녀의 말 한 마디 한 마디가 미국의 모든 주부들에게는 절대적인 것처럼 여겨졌다. 미국인들은 그녀를 '마사'라고 불렀고 요리, 집안일 등과 관련해 모르는 게 있을 때는 "Ask Martha(마사에게 물어봐)!"라고 할 정도였다. 미국의 모든 가정은 마사 스튜어트의 뜻대로 꾸며진다 해도 과언이 아니었다.

이번에도 마사 스튜어트는 누구나 따라 하고 싶은 이상적인 살림살이를 그려 보였다. 굳이 돈을 많이 들이지 않아도 약간의 아이디어와 약간의 센스, 그리고 정성만 있으면 충분히 할 수 있을 것 같았다. 물론 그러자면 다시 마사 스튜어트의 도움이 필요했다. 사람들은 "1980년대에 마돈나가 소녀 워너비들을 만들어냈다면 1990년대에는 마사 스튜어트가 주부 워너비들을 만들어냈다."라며 둘을 비교하기도 했다. 〈뉴욕 매거진〉은 마사 스튜어트를 '우리 시대의 가장 미국적인 여성'이라고 이야기했다.

'살림의 여왕', 여죄수로 전락하다

이제 미디어를 통해 자신의 모든 것을 알리고 더욱 유명해진 마사 스튜어트는 사업을 체계적으로 정비하기 위해 모든 것을 하나로 합치고 '마사 스튜어트 리빙 옴니미디어'라는 그룹을 세웠다. 자신이 CEO였다.

사업은 시작과 함께 번창하기 시작했다. 마사 스튜어트가 손대지 않는 부분이 없었고, 사업마다 엄청난 성공을 거두었다. 20년 전 작은 케이터링으로 시작한 마사 스튜어트의 회사는 돈을 끌어모았고, 마사 스튜어트는 억만장자의 반열에 올라섰다. 사람들은 그녀를 '마이더스의 손'이라고 부를 정도였다.

마치 실패란 없을 것 같던 그녀. 하지만 그런 그녀에게 커다란 시련이 닥치고 말았다.

자신이 갖고 있던 한 회사의 주식이 폭락할 것이라는 정보를 미리 전해 듣고는 그 주식들을 몽땅 팔아버린 것이었다. 이는 대기업의 회장이자 뉴욕증권거래소 이사인 그녀로서 절대 해서는 안 될 행위였다.

이후 마사 스튜어트는 언론으로부터 집요한 추궁을 당했다. 그동안 미디어에서 보여준 이상적인 모습과 실제 모습이 다르다는 보도가 끊임없이 흘러나왔다.

'친절하고 우아한 주부, 가장 미국적인 여성, 마사 스튜어트가 이런 부정한 짓을 저지르다니!'

신문, 방송, 잡지 가릴 것 없이 미국의 모든 매체들이 매일 매일 마사 스튜어트의 이야기를 다루었다. 심지어 그녀가 출연하는 요리 프로그램의 앵커까지 요리를 하고 있는 그녀에게 질문 공세를 퍼붓기도 했다. 양배추를 썰고 있던 마사 스튜어트는 "내 샐러드에 집중 좀 해주시면 안 될까요?"라고 말을 돌렸지만 상황은 갈수록 더욱 나빠지기만 했다.

힘든 상황이 지속되면서 마사 스튜어트는 결국 도덕적인 책임을 지고 뉴욕 증권거래소 이사 자리에서 물러났고, 자기 회사의 CEO에서도 물러났다. 게다가 증권사기와 사법방해로 기소되어 징역 5개월, 보호감찰 2년, 벌금 3만 달러(3,170만 원)의 실형을 선고받았다. '살림의 여왕'이 한 번에 몰락하는 순간이었다.

마사 스튜어트는 웨스트 버지니아에 있는 여자교도소에 수감되었다. 미국에 있는 여자교도소 중에서도 가장 외진 곳이었다. 미국에서 가장 성공한 여성 CEO였던 마사 스튜어트는 이제 '수감번호 55170-054'로 불리는 여죄수였다. 30년 동안 성공가도만 달리던 그녀가 나이 예순이 넘어 만인의 지탄을 받으며 차가운 감방에 들어섰을 때 얼마나 충격을 받았을까? 이제 행복한 인생이란 끝났다고 생각하지 않았을까? 교도소에 들어간 첫날 마사 스튜어트는 초점을 잃은 눈으로 하루 종일 여기저기 서성이고 있었다고 했다. 갑작스레 닥친 모든 일이 믿기지 않았고, 마음은 무너지는 것만 같았다.

하지만 꿈이 있는 사람에게 포기란 없다고 했던가. 마사 스튜어트는 금세 기운을 차렸다.

'난 맨손으로 케이터링 사업을 시작해 억만장자가 되었어. 아이디어와 열정이 넘치고 어떤 일이든 부지런하고 적극적으로 해냈던 내 모습을 잃지 말자. 감옥 안에서도 할 일은 얼마든지 있어. 아직 꿈을 포기하기엔 너무 일러. 내 꿈에 집중하자. 그러면 이 어려움도 금세 지나갈 거야.'

마사는 무엇보다 감옥에 있는 동안 깊은 반성의 시간을 가졌다. 피나는 노력 끝에 성공의 자리에 올랐지만 그것이 무너지는 것은 정말 한순간이었다. 순간적인 실수로 인해 이토록 큰 고난의 상황이 닥쳤지만 두 번 다시는 이런 일로 주위 사람들과 자기 스스로에게 상처를 주지 않겠다고 다짐했다. 그리고 후회와 더불어 이렇게 된 상황을 원망하기보다는 차라리 자신이 잘할 수 있는 일로 사람들에게 보답을 함으로써 반성의 기회를 만들어야겠다고 생각했다.

다시 힘을 낸 마사 스튜어트는 지하 강당에서 재소자들을 모아 놓고 창업에 대해 이야기하기도 하고 꽃꽂이를 가르쳐주기도 했다. 이제까지 마사 스튜어트가 했던 엄청난 일들에 비하면 지극히 단순한 일들이었지만, 바로 거기서부터 마사 스튜어트는 자기 자신을 돌아볼 수 있었다. 자신이 무엇을 하고 싶어 했는지, 무엇을 잘 하고 잘못했는지, 왜 지금 여기 있는지 마치 영화를 보듯 지난 인생을 비로소 뒤돌아볼 수 있었던 것이다. 자신은 물론이고 남들까지 닦달하고 몰아세우기만 한 것도 후회되었다. 일 분 일 초가 아쉬운 사회생활에서는 한 순간도 마음 놓고 느껴보지 못한 것들이었다.

그러자 스스로에 대한 믿음과 확신도 되살아나기 시작했다. 이대로 주저앉을 수는 없었다. 마사 스튜어트는 마사스튜어트닷컴을 통해 '여성 수감자의 인권에 관심을 기울여 달라'는 옥중 편지를 올리는가 하면 자신의 팬들에게 감옥으로 돈과 선물을 보내는 대신 암 협회에 기부할 것을 권했다. 그녀는 감옥 안에 있어도 여전히 스타였다. 많은 미디어가 그녀의 옥중 활동을 세상에 전했다. 가장 미국적인 여성으로 추앙 받던 억만장자 마사 스튜어트가 절망의 늪에서 허우적거리기보다 감옥 속에서도 끊임없이 자신을 돌아보고 반성하며 꿈을 향해 한걸음씩 나아가고 있다는 소식은 많은 미국인들에게 '역시 마사 스튜어트!'라는 이미지를 심어주기에 충분했다. 마사 스튜어트에 대한 형량이 과했다는 동정론이 일면서 사람들은 마사 스튜어트의 복귀를 기다리기 시작했다.

모든 생각과 마음을 집중한다면 불가능이란 없다

2005년, 마사 스튜어트는 자유의 몸이 되었다. 10개월 전 감옥에 들어갈 때만 해도 세상을 다 잃은 것 같았던 마사 스튜어트는 당시 당당한 발걸음으로 보란 듯이 감옥을 나섰다. 그가 출소하는 날, 한때 10달러까지 떨어졌던 마사 스튜어트 리빙 옴니미디어의 주가는 36달러로 치솟았다. 모든 언론들은 '그녀가 돌아왔다'는 기사를 대서특필했다.

감옥 생활은 쉽지 않았고 2년의 보호감찰 기간이 더 남긴 했지만, 마사 스튜어트는 감옥 안에서 얻은 깨달음으로 새로운 삶을 살겠다고 다짐했다. 이제는 자신이 잘하는 것을 남에게 전달하고 베풀어야 할 때였다.

그녀는 예전처럼 TV에 출연하고 〈마사 스튜어트 쇼〉를 만들어 진행하기도 했다. 또 요리나 살림살이가 아니라 창업을 하려는 이들에게 주고 싶은 조언을 담은 책도 출간했다. 교도소에서 출소를 앞두고 새로운 인생을 계획하던 여성들에게서 영감을 얻은 것이었다. 사람들은 이런 마사 스튜어트를 다시 좋아하기 시작했다. 비록 그녀가 잘못을 저지르긴 했지만 그 자리에서 머물지 않고 자신의 꿈을 통해 사람들에게 보답하려 한 모습에서 큰 감동을 느낀 것이다.

돌아온 마사 스튜어트는 더 빠르고 더 강해졌다. 아이디어가 있으면 바로 실행하는 마사 스튜어트의 특성은 여전히 강점으로 작용했다. 그녀는 다른 것은 생각하지 않았다. 오직 자신이 잘하는 것, 그것으로 성공하고 사람들에게 자신의 노하우를 전수하겠다는 그녀의 꿈, 그것에만 집중했다. 도저히 받아들일 수 없을 것 같았던 힘든 시기, 자신에게 등을 돌리고 다시는 돌아오지 않을 것만 같은 사람들의 차가운 시선……. 다른 사람이라면 그런 것들이 꿈을 향해가는 데 큰 걸림돌이 되었을지도 모른다. 하지만 마사 스튜어트는 과거로 인해 자책하기보다는 그것을 발판으로 더 큰 집중력을 발휘했다.

지금도 그녀가 진행하는 프로그램은 6년이 넘게 가장 높은 인기를 자랑하고 있으며, 여전히 '살림의 여왕'으로서 그녀가 쓰는 책들은 베스트셀러가 되어 전 세계적으로 팔리고 있다. 꿈을 향한 지치지 않는 열정, 불가능을 가능으로 만든 모든 것은 그녀의 강한 집중력이 아니었다면 힘들었을 것이다. 그래서 그녀의 과거 실수와는 관계없이 많은 여성들이 여전히 그녀를 최고의 여성 비즈니스 우먼이자 자신의 롤 모델로 삼고 있는지도 모른다.

좋아하는 일을 찾고 그곳에만 집중했던 마사 스튜어트

마사 스튜어트 이전에도 성공한 여성 사업가들은 많이 있었지만, 마사 스튜어트는 특히 '여성이기 때문에 성공할 수 있다'는 것을 처음으로 보여준 사람이에요. 그녀는 오직 여성들만이 한다고 여겨졌던 '살림살이'를 통해 사업을 일구고 미국에서 가장 유명한 1인 브랜드를 만들어내어 억만장자가 되었죠. 미국과 전 세계 주부들에게 그녀가 미치는 영향은 컴퓨터를 사용하는 이들에게 빌 게이츠가 차지하는 영향과 맞먹는다 해도 과언이 아닐 거예요. 그런 점에서 마사 스튜어트는 수많은 여성들에게 '나도 할 수 있다'는 꿈과 희망을 심어준 살아 있는 롤 모델이기도 해요.

무엇보다 그녀가 위대한 것은 불리한 현실, 커다란 시련에도 불구하고 꿈을 향한 집념을 꺾지 않았다는 거예요. 그녀는 한번 목표를 정하면 오직 그것에 집중했죠. 그래서 웬만한 어려움이나 시련에도 꿈틀하지 않았던 것입니다. 또 시련이 닥쳤을 때에는 거기서 주저앉는 것이 아니라, 그것을 발판으로 새롭게 꿈을 다져나갔어요. 누구나 자책하고 실수를 저지른 자신을 미워하기 마련이지만, 마사 스튜어트는 그보다 자신의 꿈을 되새기고 잘못을 용서받기 위해 더욱 노력했다는 점에서 정말 용감한 여성이라고 할 수 있을 거예요.

Martha Helen Stewart

마사 스튜어트는 "꿈에 집중하면 창의력도 생기고 열정도 샘솟는다"고 했어요. 그녀는 자신이 좋아하는 일에 집중하다 보니 항상 새로운 아이디어가 생겼고 그걸 곧바로 실행에 옮기는 부지런함을 가지고 있었어요. 그리고 열정도 누구보다 강했죠. 일을 하다 보면 피곤한 줄도 몰랐다고 해요. 마사 스튜어트는 지금도 동이 트기 전에 일어나 그날 할 일을 계획하고, 아침 식사를 만들고, 집에서 기르는 동물과 채소들을 보살핀다고 해요.

한 순간의 실수로 엄청난 시련을 겪었지만 다시 제자리로 돌아올 수 있었던 것 역시 이러한 열정과 꿈을 향한 집중력 때문 아니었을까요? 자신이 좋아하는 것을 제대로 알고 그것에 집중하는 사람을 따라 올 자는 아무도 없다는 걸, 그녀는 몸소 보여주었던 것입니다.

나도 마사 스튜어트처럼!

"한 가지에 집중하는 습관을 기르세요!"

공부하는 학생에게 집중력이 얼마나 중요한지는 잘 알고 있을 거예요. 비단 공부뿐만 아니라 꿈을 이루는 데에도 집중력은 정말 중요하죠. 이것저것 한 번에 여러 가지를 하다 보면 시간만 낭비되고 효율적이지 못할 때가 많아요. 그러니 이제부터는 작은 일 한 가지를 하더라도 집중하는 습관을 길러보세요. 한번에 다 하려고 욕심 부리기보다는 한 가지씩 차분하게 해나가다 보면 어느새 자신도 모르는 사이 전문가가 되어 있답니다. 그리고 자신의 목표나 꿈에도 훨씬 가까워져 있다는 걸 알게 될 거예요!

10

모두를 포용하는 리더, 하지만 가장 자립심 강한 리더

누구에게도 의지하지 않고 결과 앞에 당당했던 힐러리 클린턴

Hillary Diane Rodham Clinton

"Probably my worst quality is that
I get very passionate about what I think is right."

아마도 나의 가장 큰 결점은 나 스스로 옳다고 믿는 것에 대해
너무 열정적이라는 사실일 것이다.

혼자 하는 힘이 필요한 너에게

나에겐 어린 딸이 있단다. 갓난아기로 내 품에 안겼을 때가 엊그제 같은데 어느새 자라 말도 하고, 화를 내기도 하고, 기분이 좋으면 애교를 부리기도 해. 처음에는 먹는 것부터 씻는 것까지 내 손이 닿지 않으면 아무 것도 할 수 없었던 딸이 이제는 가끔 혼자서 해보겠다고 할 때에는 그 모습이 어쩜 그렇게 대견해 보이는지 몰라.

나는 내 딸이 나중에 커서 어떤 사람이 되면 좋을지 가끔 생각해보곤 해. 아마 모든 부모님의 마음도 그럴 거야. 여러 가지 바람이 있지만, 나는 내 딸이 무엇보다 당당하게 자신의 의견을 말할 줄 알고, 누군가에게 의지하기보다는 스스로 무엇이든 해나갈 줄 아는 리더십 있는 여성이 되었으면 해. 겉으로만 센 척하는 게 아니라 자신이 옳다고 생각하면 주저 없이 선택하고 그 결과에도 책임을 질 줄 아는 사람 말이야.

물론 이는 쉽지 않을 거야. 사람은 살다 보면 약해지기 마련이고, 힘들 때에는 누구에게든 기대고 싶어 하거든. 세상은 사람들과 함께 살아가는 것이기 때문에 서로 도우면서 가는 건 맞아. 하지만 작은 것 하나도 자신이 판단하지 못하고 어떻게 해야 할지 몰라 당황해한다면 나중에 혼자 남겨졌을 때는 정말 힘들어질 거야. 그리고 자신이 가진 생각대로 소신껏 행동하는 것은 정말 멋진 일이란다. 특히 사회통념상 수동적이 되기 쉬운 여자라면 더욱 그렇겠지.

우리가 잘 아는 '힐러리 클린턴'도 그런 멋진 여성 중의 한 명이야. 워낙 신문과 방송에 자주 나오니, 아마 여러분도 잘 알고 있을 거야. 그녀는 시간이 지날수록 더욱 당당하고 남자들보다 훨씬 강한 모습을 보여주고 있단다.

대통령의 부인이라고 해서 남편에게 의지하면서 살았던 것이 아니라, 영부인으로서 자신이 해야 할 일을 적극적으로 찾고 그렇게 실천했어. 그리고 결국 미국 대통령 후보가 된 최초의 여성이 되었지. 정말 대단하지 않니?

살면서 많은 사람들의 조언과 충고를 받아들이고 때때로 나보다 더 강한 사람에게 의지해야 할 때도 오겠지만, 마음속에는 항상 작은 일이라도 혼자 해내겠다는 생각을 품고 있었으면 해. 그래서 결정적인 순간이 왔을 때 누구보다 당당한 모습으로 그런 자신을 보여줄 수 있는 멋진 사람이 되었으면 좋겠어.

나의 사랑하는 딸도, 또 너희도 말이야!

힐러리 로댐 클린턴 *Hillary Diane Rodham Clinton*
미국국무장관. 국제 외교에서 가장 영향력 있는 여성

―

'세계에서 가장 똑똑하고 영향력 있는 여성 리더'라는 말이 전혀 어색하지 않은 힐러리 로댐 클린턴은 1947년 미국 시카고에서 태어나, 어릴 적부터 독립적이고 자기주장이 강한 똑 부러지는 아이로 자라났다. 총명함으로는 누구도 따라갈 자가 없던 그녀는 웰슬리 여대 총 학생회장을 맡아 명 졸업연설로 세상에 이름을 떨치게 된다. 대학 시절 만난 빌 클린턴과 결혼해, 퍼스트레이디로서 남편의 내조를 넘어 적극적인 정치 개혁에 앞장섰다. 이후 대통령 부인이 아닌 뉴욕 상원의원으로 정치적 홀로서기를 한 후 '미국 최초의 여성 대통령' 되기 위한 도전도 했다. 지금은 전 세계를 순방하며 외교활동을 벌이고 있고, 변함없는 면모로 한 몸에 존경을 받으며 스타 정치인으로서의 몫을 다하고 있다.

"스스로 결정하고 그 결과에 책임질 줄 아는 사람이 진정 멋지다!"

자신의 의견이 분명하고 똑 부러졌던 여학생

힐러리 클린턴은 1947년 10월, 시카고에서 태어났다. 아버지는 자수성가한 사업가였고 어머니는 검소한 가정주부였다. 우리가 잘 알고 있듯 힐러리 클린턴이 자립적이고 당당한 여성으로 자라난 데에는 어머니의 영향이 컸다. 어머니는 자신과는 달리 그녀가 자신의 일을 가진 독립적인 여성이 되길 바랐다. '힐러리'라는 남자 이름을 붙여준 것도 그 때문이었다.

어느 날 힐러리 클린턴은 네 살 때 이웃 여자아이에게 맞고 울면서 들어오자 "스스로를 지킬 수 있는 힘을 길러야 한다. 겁쟁이는 이 집에 발을 들여놓을 수 없어!"라고 단호하게 타일렀다. 이렇게 움츠러들어 있을 수만은 없다고 생각한 그녀는 그 아이를 다시 찾아가 맞서 싸웠고, 얼마 후에는 친구가 되었다. 힐러리 클린턴은 어린 나이였지만 어머니를 통해 '위협이나 두려움이 왔을 때 회피하지 말고 정면 돌파해야 한다'는 것을 깨달았다. 그리고 어머니는 "다른 사람은 다른 사람이고 너는 너다. 다른 사람과 항상 같은 생각을 해야 하는 건 아니야. 네 주장을 당당하게 펼치고, 그것이 거절당하거나 실수로 이어질 때에는 과감하게 그것을 인정하고 받아들이는 것이 지혜로운 것이다."라고 가르쳤다.

아버지도 어머니의 생각과 크게 다르지 않았다. 아버지는 스스로의 힘으로 사업을 일구어낸 사람이었기에 딸 또한 누구에게 의존하지 않고 당당하게 자신의 앞길을 헤쳐 나가기를 바랐다. 그래서 늘 스스로 노력해서 결과를 이루어낼 수 있도록 도왔고, 학생 신분에서는 공부가 최우선이 되어야 한다고 가르치며 성적이 떨어지지 않도록 엄격하게 교육을 시켰다.

덕분에 힐러리 클린턴은 초등학교 때부터 선생님들의 귀여움을 독차지했다. 성적도 뛰어났지만 수영, 야구 같은 운동도 좋아했고 걸스카우트 활동도 열심이었다. 고등학교에서는 학생회와 학교신문에 참여했고 전국 규모의 장학생으로도 선발되었다. 고등학교 졸업성적은 전국 상위 5% 안에 들었다.

하지만 힐러리 클린턴은 공부만 잘하는 모범생은 아니었다. 다른 여자 아이들과는 달리 정치에 관심이 많았다. 그녀는 정치가의 기본 자질인 '토론'에 소질이 있었고, 그러다 보니 자연히 그녀의 꿈은 '정치가'가 되었다. 어느 날 흑인민권운동가인 마틴 루터 킹의 강연을 듣고 큰 감명을 받은 그녀는 '정치가가 되겠다'는 꿈을 더욱 확실히 하게 되었고, 열다섯 그녀가 나눈 마틴 루터 킹 목사와의 짧은 악수는 오래도록 마음속에 남아 그 꿈에 불을 지폈다.

자신의 의견이 분명하고 늘 똑 부러졌던 힐러리 클린턴은 1965년 보스턴의 명문 웰슬리 여대에 입학했다. 전공은 일찍부터 관심을 가지고 있었던 정치학을 택했다. 정치학 수업을 듣는 한편 실제 정치활동도 시작해 1학년 때부터 웰슬리 청년공화당원 모임의 회장을 맡았다. 수업 외에 모든 학내 활동을 여학생들이 할 수밖에 없는 여대에서 힐러리 클린턴은 자연스레 리더십을 익혔다.

그녀는 '인간은 누구나 평등해야 한다'는 생각으로 무수한 사람들의 목숨을 앗아가는 전쟁에 반대했고, 대학이 좀 더 많은 흑인 학생과 교수를 채용하도록 운동을 벌이기도 했다. 또 웰슬리 여대의 오랜 전통이었던 무도회에 드레스 대신 붉은 치마바지를 입고 나타나 옷차림에 대한 대학의 규제를 정면으로 거부했다. 그녀는 웰슬리 여대에서 가장 유명한 학생이었다.

4학년 때 힐러리 클린턴은 웰슬리의 총학생회장에 뽑혔다. 두꺼운 안경에 부스스한 머리, 늘 청바지 차림이었지만 그녀는 멀리서도 총명함이 빛났다. 친구들은 마치 예언이라도 하듯 "힐러리는 나중에 꼭 미국 최초의 여자 대통령이 될 거야."라고 말했다.

그녀는 1969년 졸업식에서 학생 대표로 연설을 하게 되었다. 학생이 졸업식에서 연설을 한 것은 웰슬리 여대 역사상 처음 있는 일이었다. 그녀는 다음 말로 연설을 시작했다.

"지금 우리에게 주어진 과제는, 불가능해 보이는 것을 가능하게 만드는 정치를 하는 것입니다!"

힐러리 클린턴의 연설이 시작되자 다들 놀랄 수밖에 없었다. 자신의 연설 바로 전 졸업식 축사를 한 상원의원이 학생들에게 "체제에 순응해야 한다!"고 강조했고, 힐러리 클린턴이 그것에 대해 반발하는 내용을 즉석에서 만들어내 연설했기 때문이다. 힐러리 클린턴의 연설은 감동적이었고 뛰어났으며, 모든 학생들의 기립 박수를 받았다. 박수는 무려 7분 동안이나 계속되었고 〈라이프〉지를 비롯한 미국의 모든 언론이 당찬 여대생 힐러리 클린턴의 졸업 연설을 대서특필했다.

정치를 향한 그녀의 열정은 여기서 멈추지 않았다. 힐러리 클린턴은 예일대 로스쿨에 진학했다. 제대로 된 정치가가 되려면 법률에 대해 누구보다 잘 알아야 했다. 그녀는 예일대에서도 학회지 편집팀, 아동연구센터 등 다양한 활동을 하며 경험을 쌓고 꿈을 키워 나갔다. 어린이 학대 사건을 변호하고 가난한 사람들을 위해 무료 법률 상담을 하는 등 사회 활동에도 열정을 쏟았다. 정치계 사람들과 인맥을 쌓는 일도 게을리 하지 않았다.

총명함이 빛나던 어린 시절과 다름없이 그녀는 초롱초롱한 눈빛으로 자신의 꿈을 향해 나아갔고, 부모님의 가르침처럼 누구보다 혼자의 힘으로 당당하게 앞으로 나아갔다. 어릴 때와 달라진 게 있다면 그녀는 이제 본격적으로 꿈을 현실로 옮기기 위해 노력하고 있다는 것이었다.

스스로 선택했다면 그 결과에 떳떳하게 책임을 져야 한다

그녀는 대학 생활에 최선을 다했다. 그만큼 그녀는 빛이 났다. 교수님들은 그녀의 재치 넘치는 말주변과 똑 부러지는 모습에 칭찬을 아끼지 않았다. 그런 만큼 남학생들에게 인기도 많았다.

1971년, 같은 수업을 듣던 '빌 클린턴'이라는 남학생은 앞자리에서 교수님과 눈을 마주치며 열심히 수업을 듣고 있던 힐러리 클린턴에게 한눈에 반해버렸다. 그녀는 가장 똑똑하고 말 잘하는 여학생이었다. 그녀 또한 호감 가는 인상에 똑똑하면서도 느긋한 성격의 빌 클린턴에게 매력을 느꼈다. 그는 다른 남자들과 달리 자기 앞에서 주눅 들지 않았다. 무엇보다 그와 있으면 정치와 법에 대해 끝도 없이 이야기를 나눌 수 있어 좋았다. 두 사람은 자연스럽게 사귀기 시작했다. 그녀와 빌 클린턴, 두 사람은 비슷했지만 달랐다. 하지만 서로를 보완하는 둘의 관계는 누가 보기에도 이상적이었다.

힐러리 클린턴은 법학 박사학위를 따고 빌 클린턴으로부터 청혼을 받았다. 자신이 장차 미국의 대통령이 될 것이라고 말했지만 그녀는 '아직 이 남자다' 하는 확신이 없었다. 결혼은 이르다는 생각도 들었다. 게다가 크고 작은 정치 활동을 하며 만난 많은 사람들은 너나없이 그녀에게 '장차 큰 재목이 될 사람이다'며 칭찬과 격려를 아끼지 않았다. 그야말로 그녀의 정치적 미래는 활짝 열려 있었다. 빌 클린턴을 진정으로 사랑했지만 결혼을 해버린다면 자신보다는 남편의 정치활동에 내조를 해야 할 것이고, 그러면 많은 것을 포기해야 했다.

빌 클린턴은 끊임없이 힐러리 클린턴에게 결혼을 하자고 졸라댔다. 그녀는 더 이상 결정을 미룰 수 없었고 "머리보다 마음을 따르기로 했어요."라는 말로 그와의 결혼을 결정했다. 딸이 미국 최초의 여판사가 되길 바랐던 어머니를 비롯해 주위에서는 모두 그녀를 말렸다. 하지만 그녀는 "제 결정에 후회하지 않아요. 그리고 일과 사랑, 모두를 잘 해낼 자신 있어요."라고 말하며 자신의 뜻을 굽히지 않았다. 부딪혀 보지도 않고 두려워서 물러서는 것은 그녀의 가치관과 맞지 않았다.

힐러리 클린턴은 결혼을 한 후에도 자신의 성인 '로댐'을 그대로 쓰면서 '난 여전히 나'라는 것을 보여주었다. 그리고 남편과 함께 아칸소에서 지내면서 아칸소 대학 로스쿨 교수가 되었다. 사랑을 위해 일을 포기할 생각은 없었다. 오히려 그 둘을 모두 거머쥘 작정이었다. 그곳에서 그녀는 어린이들과 가족을 위한 학술논문을 발표하고 단체를 설립해 여성으로는 처음으로 국가에서 임명하는 법적지원재단의 대표가 되어 열심히 활동했다. '미국의 가장 영향력 있는 변호사 100인'에도 두 번이나 이름을 올렸다.

그리고 그녀의 남편인 빌 클린턴은 미국 역사상 최연소 주지사에 당선되었다. 주지사의 부인이 된 힐러리 클린턴은 더욱 바빠졌다. 남편 뒤에서 조용히 내조만 할 그녀가 아니었다. 남편의 일에 적극적으로 간섭하고 정치적인 결정에도 서슴없이 의견을 냈다. 자신 또한 남편에게 의지하지 않고 다양한 활동을 독립적으로 해나가며 정치 활동을 쉬지 않았다.

본업인 변호사도 포기하지 않았다. 그녀는 이제 변호사, 공무원, 주지사 부인, 사회운동가, 비즈니스우먼, 엄마이자 아내……라는 모든 역할을 소화해내는 슈퍼우먼 중의 슈퍼우먼이 된 것이다.

남편 내조와 정치적 신망, 두 마리 토끼를 잡다

1991년, 빌 클린턴은 대통령 선거에 도전했다. 실패한다 해도 후회는 없었다. 힐러리 클린턴은 이제 부부가 함께 뛸 때라고 생각하고 적극적으로 나서 그를 도왔다. 일부에서는 그녀가 남편을 이용해 권력을 차지하고 마음대로 해보려고 그런다는 소리가 새어나왔지만 그녀는 그런 말에 아랑곳하지 않았다. 오히려 힐러리 클린턴은 "빌 클린턴을 뽑는다면 한 표에 두 명의 대통령을 얻는 것이나 다름없다"며 유세를 했고, 결국 빌 클린턴은 미국의 42대 대통령이 되었다. 46세의 힐러리 클린턴은 대학원 학위를 가진 최초의 퍼스트레이디였고, 백악관에 오기 직전까지 일을 한 유일한 사람이었다.

그녀는 남편이 대통령이 되었지만, 일부에서 말한 것처럼 남편의 권력에 의지해 자신의 능력을 펼칠 생각은 조금도 없었다. 그녀는 오히려 백악관 내에 영부인 집무실 외에 별도의 사무실을 내어달라고 했고, 그곳에서 자신이 해야 할 일을 당당하게 해나갔다. 남편의 영향력 못지않게 힐러리 클린턴의 영향력도 비교할 수 없이 커져갔다.

그녀는 하나씩 하나씩 개혁을 해나가기 시작했다. 먼저 백악관의 분위기를 확 바꿔놓았다. 딱딱한 정치 공간만이 아닌 클린턴 가족의 집이라고 여기고 사람 사는 냄새가 나도록 했다. 2층 대통령

침실 바로 밖에서 밤새 불침번을 서던 경호원도 내려 보내고, 자신의 외동딸이 평범한 십대로 성장할 수 있도록 신경을 썼다. 첼시는 경호원이 모는 차 대신 스쿨버스를 타고 등교했다.

이런 힐러리 클린턴에 대한 미국인들의 반응은 극과 극이었다. 역사상 가장 능력 있고 적극적인 퍼스트레이디라는 지지도 많았지만 남편을 등에 업고 너무 나서는 것이 아니냐는 비판도 적지 않았다. 하지만 힐러리는 절대 흔들리지 않았다. 그녀는 자신이 옳다고 믿는 일을 스스로 실행하는 것에 대해 조금의 망설임도 없었다. 대통령 부인이라서가 아니라 정치가를 꿈꾸던 힐러리 자신으로서 나라를 위한 일이라면 어떤 것이든 적극적으로 나설 참이었다. 그녀는 "난 대통령의 부인이기도 하지만 그 이전에 '힐러리 클린턴'이라는 미국을 사랑하는 한 인간이다. 정치에 대한 열정이 있으므로 집에서 쿠키나 굽고 차나 마시고 있을 수는 없다."라고 말하며, 자신을 다잡았다.

하지만 이제는 너무 나서는 것으로 사람들의 나쁜 눈총을 받는 것보다는 좀 더 세련된 방식으로 일을 하자고 다짐했다. 남편 빌 클린턴이 재선에 성공한 후에 그녀는 어린이와 가족, 여성의 건강 및 권익보호와 관련된 법안 제정에 핵심적인 역할을 담당했다. 그녀가 주재하는 회의도 수시로 열렸고, 남편 없이 혼자서 퍼스트레이디의 자격으로 남아시아를 순방하는 등 외교를 쌓아나갔다.

무엇보다 그녀는 남편에게 기대기보다는 젊었을 때부터 다듬어 온 자신의 뚜렷한 정치관에 따라서 행동했다. 모두의 만류에도 불구하고 자신의 뜻에 따라 스스로 결혼을 선택한 만큼, 남편에 대한 내조뿐 아니라 자신이 하고자 했던 정치에 대한 신념을 굽히지 않고 펼쳐나가고 싶었다. 그리고 그것은 남편의 정치활동에 도움이 되면서도 자기 스스로에게도 도움이 되어야 한다고 생각하고, 늘 신경을 썼다. 그렇게 시간이 흐를수록 그녀는 이제 남편 못지않은 글로벌 리더로서 인정을 받게 되었고, 그 모든 것은 스스로 일구어 냈다고 해도 과언이 아니었다.

미국 최초의 여성 대통령에 도전하다!

빌 클린턴 대통령의 임기는 2001년까지였다. 힐러리 클린턴은 슬슬 정치적 홀로서기를 준비해야 할 때가 가까워오고 있다고 느꼈다. 남편이 대통령을 그만두면 정치인 힐러리 클린턴으로 활동할 수 있으니, 그렇게 해야겠다고 마음을 먹었다. 전임 대통령의 부인으로 자서전을 쓰거나 남편의 강연 여행에 동반하는 삶은 힐러리가 꿈꾸는 미래가 아니었다.

그런 생각을 하고 있을 때 그녀에게도 시련이 닥쳤다. 빌 클린턴이 인턴이었던 모니카 르윈스키와 스캔들이 난 것이다. 이 사건 때문에 많은 사람들이 대통령에게 실망했지만 누구보다 힘든 것은 부인인 힐러리 클린턴이었다. 사람들은 모두 그녀가 헤어질 것이라고 생각했지만, 그녀는 남편과의 관계에서 의리를 지키는 것이 옳다고 생각했다. 그리고 무엇보다 남편의 실수를 받아들이고 그를 믿기로 했다.

빌 클린턴은 딸 첼시의 아버지였고 미국의 대통령이기도 했다. 딸에게 평생 씻을 수 없는 상처를 남기는 것도 싫었고, 그동안 남편과 관련된 자신의 모든 노력과 성취를 스스로 허물고 싶지도 않았다. 그녀는 개인 감정을 뒤로 하고 어머니이자 공인으로서의 책임과 명예를 지키기로 했다. 그녀는 변함없이 결혼생활에 헌신하겠다고 했고, 후일 "누구도 빌만큼 나를 이해하지 못했고 나를 웃게 만들지 못했다. 오랜 세월이 흐른 지금도 그는 이제까지 내가 만났던 사람들 중 가장 흥미롭고 정열적이며 온전히 살아 있는 사람이다."라는 말로 남편에 대한 깊은 정을 밝혔다. 힐러리에게 사랑은 또 하나의 신의이기도 했다.

르윈스키 스캔들을 겪어내며 그녀는 더욱 단련되었다. 이제까지 그녀를 비판했던 사람들도 그녀가 보여준 인내와 강인함에 존경을 보냈다. 힐러리 클린턴의 지지율은 70%까지 치솟았다.

그때쯤 그녀는 뉴욕 상원의원 출마를 제의 받았다. 뉴욕 출신이 아닌 힐러리 클린턴에게는 결코 쉽지 않은 도전이었다. 하지만 어려운 도전일수록 그 성취감은 큰 것이다. 그녀는 혼자 오랫동안 고민한 끝에 도전을 결심했다. 그리고 55%의 지지율로 당당하게 승리했다. 미국의 퍼스트레이디가 공직을 갖는 것은 역사상 유례가 없는 일이었다. 뉴욕에서 여성 상원의원이 나온 것도 처음이었다.

정식으로 정치를 시작한 힐러리 클린턴은 시작부터 주목을 받기 시작했다. 그녀는 그전과 변함없이 소신껏, 열정적으로 일했다. 국민들은 그런 그녀에게 퍼스트레이디 시절 못지않은 관심과 응원을 보냈다. 그녀는 이제 대통령의 아내가 아닌 정당하게 도전에서 승리한 정치인으로서 최선을 다했다.

8년 동안 정치활동을 하면서 지지기반을 넓히고 실력을 쌓았다고 생각한 힐러리 클린턴은 대통령 선거에 출마하기로 마음을 먹었다. 미국 역사상 여성이 대선 후보로 지명된 경우는 단 한 번도 없었다. 하지만 그녀라면 충분히 가능성이 있었다. "여자가 미국 대통령이 된다고? 말도 안 돼! 힐러리 클린턴이 아무리 똑똑하다지만 그건 말도 안 되는 일이야."라고 말하는 사람도 없지 않았다. 하지만 그녀는 그런 말들에 흔들리지 않았다. 누구보다 스스로에게 당당했고, 그렇게 결정한 일이니 후회도 없었다. 앞만 보며 달려갈 일만 남았다.

하지만 2008년. 엎치락뒤치락 계속되던 대통령 선거 후보 경선에서 승리한 것은 버락 오바마였다. 국민들은 최초의 여성 대통령보다 최초의 흑인 대통령을 원했던 것이다. 하지만 힐러리 클린턴은 결코 낙심하거나 후회하지 않았다. 또 지금 패했다고 해서 최고 정치인인 대통령에 도전하겠다는 꿈을 당장 포기하는 것도 아니었다. 스스로 결정하고 당당하게 도전한 만큼 웃으며 결과를 받아들일 수 있었다. 그 자체만으로도 꿈을 향해 도전하는 수많은 여성 및 사람들로부터 존경을 받기엔 충분했다.

후보 경선에서는 패했지만 힐러리 클린턴의 정치 인생까지 끝난 것은 아니었다. 대선을 치르는 힐러리 클린턴의 모습을 보며 다른 정치인들은 그녀가 얼마나 큰 그릇인지를 새삼 깨닫고 그녀를 인정했다. 버락 오바마 역시 힐러리의 공을 잊지 않았다. 대선이 끝난 후 그는 힐러리 클린턴이 미국의 외교를 책임지는 국무장관직을 제의했고 그녀는 이를 받아들였다.

힐러리 클린턴은 현재까지도 변함없는 모습으로 정치가로서의 면모를 보여주고 있다. 역대 국무장관 중 가장 활발하게 전 세계를 순방하며 외교활동을 벌이는 한편 미국을 대표하는 최고의 여성 리더로 활동하고 있다. 자신의 의견을 분명히 이야기할 줄 알며, 어떤 상황 속에서도 흔들리지 않는 판단과 변함없는 모습을 보여주었던 힐러리. 그녀가 보여준 독립적이면서도 강한 여성의 면모는 리더를 꿈꾸는 많은 여성들에게 최고의 모범이 되고 있다.

스스로 판단하고 그것에 책임질 줄 알았던
힐러리 클린턴

우리는 힐러리 클린턴을 가리켜 '알파 우먼의 표상'이라는 말을 해요. 세계에서 가장 영향력 있는 여성이라는 말로 설명하기도 부족할 정도로 많은 업적을 이룬 사람이니까요.

그녀는 현대 사회를 살아가는 여성이 알파 우먼이 되기 위해 필요한 덕목이 무엇인지를 가장 잘 보여주고 있어요. 결혼하기 전까지 그녀는 공부, 일, 정치활동, 사회운동 등 스스로 할 수 있는 일에 주저하지 않고 뛰어들었고, 사람들로부터 인정을 받았어요. 그리고 빌 클린턴을 만나 결혼과 출산을 했고 정치인의 아내가 되었죠. 하지만 어느 역할 한 가지도 포기하지 않고 잘 해냈어요.
대통령의 아내로서 남편의 내조, 또 퍼스트레이디로서 자신의 정치활동도 굽히지 않고 펴냈죠. 육아에도 최선을 다하는 한편 자신이 해오던 여러 가지 사회활동도 결코 포기하지 않았어요. 하지만 언제까지나 대통령인 남편에 기대어 정치활동을 할 생각은 없었어요.

빌 클린턴의 대통령 임기가 끝나자 그녀는 그 누구도 아닌 스스로 대선에 도전할 것을 결심했고, 당당하게 경쟁을 했어요. 비록 결과는 패했지만 자

Hillary Diane Rodham Clinton

신의 도전에 대해서 누구보다 떳떳했고 그러니 후회도 없었죠. 사람들은 모두 그녀를 응원했고 결과에 책임지는 그녀의 모습에 존경을 보냈고요. 힐러리 클린턴은 어떤 상황에서도 자신을 놓지 않았고 무엇이든 스스로 해야 한다는 생각에 충실했어요. 그리고 도전과 성공을 위해서는 가장 먼저 자신이 단단해야 한다는 사실을 몸소 보여주었고요.

그녀는 현대를 살아가는 여성들에게 스스로 판단하고 행동할 줄 아는 능력과, 남자들과 경쟁하기 위해 단단한 몸과 마음을 가질 것을 늘 강조했어요. 누구에게 의존하는 것이 아니라 한 인간으로서 자신의 소신을 지키고 가고자 하는 길을 향해 최선을 다해 달렸던 힐러리 클린턴. 이것이야말로 그녀가 전 세계 여성들의 진정한 롤 모델이 될 수밖에 없는 이유가 아닐까요?

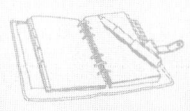

나도 힐러리 클린턴처럼!

성공하는 인생의 첫 번째 열쇠 :
"자기 자신을 믿어요!"

새로운 도전이나 판단을 해야 하는 상황이 닥쳤을 때 우리는 보통 '내가 이걸 잘 할 수 있을까?', '이렇게 해도 괜찮을까?' 하는 생각을 많이 하게 돼요. 그렇게 망설이기만 하다 큰 기회를 놓쳐버리는 경우도 많이 있죠. 하지만 이젠 그것이 옳다는 생각이 들고 해보고 싶다는 생각이 든다면 자기 자신을 믿고 도전해보세요. 놓쳐버린 시간은 되돌릴 수 없고, 누구도 여러분의 인생을 대신해줄 수 없답니다. 힘겨운 도전일수록 큰 성취감을 가져다준다고 했지요? 누구에게도 의지하지 않고 스스로를 믿고 도전해 이루어낸 것은 다른 것보다 훨씬 값지다는 걸 명심하세요!

지은이

김지영

서울대 고고미술사학과를 졸업하고 미국 노스캐롤라이나 대학에서 석사 학위를 받았다. 한국일보와 매일경제에서 18년 넘게 기자생활을 한 후 현재 한국얀센에서 홍보이사로 일하고 있다.

주로 여성 자기계발과 청소년 자기계발에 깊은 관심을 갖고 있는데, 이 책은 자신의 오랜 기자 경험을 바탕으로 청소년 중에서도 십대 여자들에게 도움이 될 만한 인물들의 이야기를 그려내고 있다. 이 책 속에 담긴 10명의 인물은 〈포브스〉, 〈포춘〉, 〈타임〉 지에 지난 10년 동안 '세계에서 가장 영향력 있는 여성 리더'로 뽑힌 인물 중에서 선별했다. 오프라 윈프리, 힐러리 클린턴 등 국내에서 이미 잘 알려진 여성 리더 외에도 펩시의 CEO인 인드라 누이, 독일 최초의 여성 총리인 앙겔라 메르켈 등 지금도 가장 화제가 되고 있는 인물들의 이야기를 생생하게 담아내었다. 특히 국내에선 한 번도 알려지지 않았던 그녀들의 십대 시절 이야기와 함께 전 세계를 무대로 성공할 수밖에 없었던 각각의 성공 덕목들을 저자의 담백하면서도 따뜻한 문체로 풀어내고 있어 더욱 흥미롭다.

저서로는 《이상의 시대 반항의 음악-60년대 미국음악과 사회》, 《살림지식총서-월트 디즈니》, 《헬로키티 성공신화》, 《제임스 카메론 : 상상하라, 도전하라, 소통하라》 등이 있다.

아프니까 청춘이다 : 인생 앞에 홀로 선 젊은 그대에게
김난도 지음 | 14,000원

서울대학교 학생들이 최고의 강의, 최고의 멘토로 뽑은 김난도 교수의 인생 강의실! 수많은 청춘의 마음을 울린 저자는 이 책에서 불안하고 아픈 20대에게 따뜻한 위로의 글, 따끔한 죽비 같은 글을 전한다. 스스로를 돌아보고, 추스르고, 다시 시작하게 하는 멘토링 에세이집. (추천: 인생 앞에 홀로서기를 시작하는 청춘을 응원하는 책)

세상에 너를 소리쳐!
빅뱅 지음 | 김세아 정리 | 15,000원

"이 길의 끝에 우리가 원하는 세상이 있다!" 출간 즉시 온오프라인 판매 1위에 오르며 누적판매부수 50만 부를 돌파한 초 베스트셀러로, 가수 '빅뱅'이 써내려간 땀과 열정의 도전기다. 꿈을 이루는 방법에 대한 진지한 고민과 메시지를 전달한다. (추천: 열정과 의지, 노력의 가치를 생생하게 보여주며 감동과 교훈을 주는 책)

가슴 뛰는 삶
강헌구 지음 | 13,000원

꿈을 꿈으로만 남겨두지 마라. 간절히 원하는 그 모습으로 살아라. 가슴 벅찬 삶을 사는 법에 관한 '비전 로드맵'. 인생의 비전을 찾지 못한 이에게는 통찰과 작심을, 현재의 자리에서 머뭇거리고 있는 이에게는 돌파와 질주의 힘을 주는 책. (추천: 꿈을 찾지 못한 중고생과 대학생, 그리고 좌절의 길에서 주춤하고 있는 직장인들을 위한 책)

오리진이 되라
강신장 지음 | 14,000원

더 나은 것이 아니라, 세상에 없는 것을 만들어라! 창조의 '오리진'이 되어 운명을 바꿔라! CEO들을 창조의 바다로 안내한 SERI CEO, 그 중심에 있던 강신장이 말하는 세상에서 가장 맛있는 창조 이야기. 이제 세상을 다르게 보는 길이 열린다! (추천: 읽기만 해도 창조의 영감이 솟아오르는 텍스트를 기다려온 모든 이들을 위한 책)

천만 개의 세포가 짜릿짜릿
김태은 지음 | 13,000원

'재용이의 순결한 19', '2PM의 와일드 바니' 등을 연출한 대한민국 방송계 최고의 문제적 PD 김태은의 인생탐미론. 근거 없는 자신감과 주체 못하는 호기심으로 벌여놓은 그녀의 좌충우돌 '삽질과 뻘짓의 연대기'를 통해 유쾌한 즐거움과 가슴 뭉클한 감동을 느낄 수 있다. (추천: 청춘을 앓고 있는 젊은이들에게 짜릿한 '인생도발'과 뜨끔한 자극을 전하는 책)

함께 보면 좋은 책들

공부는 내 인생에 대한 예의다
이형진 지음 | 13,000원

공부는 '방법'의 문제가 아니라 '마음'의 문제다! '전미(全美) 최고의 고교생' 선정, 최연소 '자랑스런 한국인' 선정, 예일대생 이형진 군의 공부철학을 담은 에세이로, 저자의 공부에 대한 진지한 고민을 바탕으로 설득력 있는 공부철학을 풀어낸다. 공부하는 '방법'이 아닌 공부하는 '이유'에 대해 접근하는 새로운 스타일의 공부 에세이.

청소년을 위한 이기는 습관
전옥표 지음 | 11,000원

자녀들의 미래 앞에 놓아주어야 할 진정한 인생의 바이블! 대한민국을 '이기는 습관' 신드롬에 빠지게 한 《이기는 습관》의 청소년 편! 청소년기에 쌓아두지 않으면 절대 얻을 수 없는 28가지 인생의 '이기는 습관', 치열함과 집요함, 기본도리, 열정과 목표의식, 승부근성에 대해 특유의 직설화법으로 명쾌하게 풀어냈다.

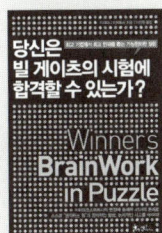

당신은 빌 게이츠의 시험에 합격할 수 있는가?
카지타니 미치토시 지음 | 이진원 옮김 | 14,000원

최고 기업에서 최고 인재를 뽑는 기상천외한 질문! 이 책은 MS사의 실제 면접을 통해 싱킹(thinking) 능력을 테스트한다. 미지의 분야에서 기존 지식을 활용해 가장 창의적이자 효율적으로 사고하는 법을 담았다. (추천: 취업준비생, 수험생 등 창의성과 논리력을 동시에 연마하고자 하는 이들을 위한 책)

인사이트 지식사전 : 세상을 움직이는 키워드
조선경제i 연결지성센터 지음 | 15,000원

세계를 들썩이고 있는 경제·IT용어부터 시대의 특징을 포착한 용어까지, 책 한 권으로 상식을 쌓고 세상을 읽는다! 새로운 경제흐름을 설명하는 '뉴 노멀'부터 '소셜 미디어'가 만들어내는 글로벌 차원의 변화까지, 누구나 필요로 하는 지혜와 식견이 담긴 책. (추천 : 취업준비생부터 변화에 걸맞은 전략을 세워야 하는 오피니언리더까지!)

성공명언 1001
토머스 J. 빌로드 엮음 | 안진환 옮김 | 18,000원

평생 읽어야 할 동서고금의 명저 1001권을 요약한 듯, 정수만 뽑아 음미한다! 공자, 노자, 소크라테스, 스티븐 코비, 피터 드러커… 인류 역사상 가장 위대한 성취자들이 평생에 걸쳐 얻은 인생의 지혜가 담긴 명문장 1001가지를 영한대역으로 모았다.(추천:작가, 강사, 카피라이터 등 글쓰기, 영어논술, 영어토론 준비에 좋은 책)